Für meine Mädchen Simi, Lux und Kiki

Foto: Jason Childs

DELIUS KLASING

Foto: Jason Childs

Sean Doherty

WELLENREITEN

Die Magie der Welle

Delius Klasing Verlag

Foto: Jason Childs

Die englische Originalausgabe mit dem Titel »The Moment« erschien bei
Hachette Australia Pty Ltd, Sydney, NSW, Australia

Bibliografische Information der Deutschen Nationalbibliothek
Die Deutsche Nationalbibliothek verzeichnet diese Publikation
in der Deutschen Nationalbibliografie; detaillierte bibliografische
Daten sind im Internet über http://dnb.d-nb.de abrufbar.

1. Auflage
ISBN 978-3-7688-3177-2
Die Rechte für die deutsche Ausgabe liegen beim Verlag
Delius, Klasing & Co. KG, Bielefeld

Aus dem Englischen von Florian Gebbert
Lektorat: Birgit Radebold, Kirsten Panzer-Gunkel
Umschlaggestaltung: Buchholz/Hinsch/Hensinger, Hamburg
Satz: Hans Kock Buch- und Offsetdruck GmbH, Bielefeld
Druck: Kunst- und Werbedruck, Bad Oeynhausen
Printed in Germany 2010

Delius Klasing Verlag, Siekerwall 21, D-33602 Bielefeld
Tel.: 05 21/5 59-0, Fax: 05 21/5 59-115
E-Mail: info@delius-klasing.de
www.delius-klasing.de

EINFÜHRUNG

Endlich ist es fertig. Ein Buch, das der wunderbaren Spontaneität und der fließenden Vergänglichkeit besonderer Surfmomente gewidmet ist. Als Surfer haben wir alle solche Momente in unserer Erinnerung. Einige so frisch, als hätte man sie grade erst erlebt.

Ich denke noch gerne daran zurück, wie eines Tages Ross Clarke-Jones an unserem Strand auftauchte. Ich hatte gerade mit dem Surfen angefangen. Wir wollten alles über das Wellenreiten wissen und herausfinden, z. B. welches Wachs man am besten aufs Brett kratzt. Da kam natürlich der Auftritt von »the Wiz« höchstpersönlich wie gerufen. Hatte er sein Board vielleicht mit seiner eigenen Geheimrezeptur, dem »Mad Wax« gewachst und sich gedacht: »Okay, jetzt starte ich mal eine Meile hoch in den Norden.«? So etwas fragten wir uns ernsthaft. Ich hatte mir gerade ein nagelneues Brett angeschafft und mich entgegen allen Konventionen für schwarze Rails entschieden, was mir jede Menge Spott der anderen Jungs einbrachte. »Die Rails zerkratzen doch eh, Junge! Du kannst doch keine schwarzen nehmen!« Ich erinnere mich noch an den Morgen, als sei es gestern gewesen. Ross Clarke-Jones ging an uns vorbei, seine »Mad Wax«-Boardshorts hatte er noch an. Unterm Arm trug er ein gelbes Board mit … ja klar, mit schwarzen Rails. Ich drehte mich zu meinen Jungs und hob wortlos die Augenbrauen. Am Nachmittag surften wir dann Nias bei acht Fuß. Mein Freund wurde dabei fast von einer umherschwimmenden Leash erdrosselt.

Oder der legendäre Tag, als ich Bulls Paddock an einem kalten Winternachmittag für Stunden völlig für mich allein hatte.

Warum sind ausgerechnet das meine ganz besonderen Momente? Es waren schon gute Surftage, aber es gab sicherlich Tage, an denen ich wesentlich besser gesurft bin. Warum erinnere ich mich also ausgerechnet an solche Tage und nicht an andere? Wie unterscheidet unser Surferhirn die legendären von den weniger guten oder durchschnittlichen Tagen?

Die Erinnerung scheint schon recht beliebig zu sein. Aber die Gemeinsamkeit meiner besonderen Surfmomente ergibt sich immer wieder über den Ort, an dem sie passieren und mich zurück in meine Vergangenheit bringen. Dort, wo es speziell war oder wo ich besondere Menschen traf und mit ihnen besondere Dinge erlebte. Als Ross Clarke-Jones am Strand auftauchte, hatten wir sowieso gerade schon eine wilde Zeit, mit vielen Partys und auch einer Menge Unsinn, den wir uns so ausdachten. Der Trip nach Nias war meine erste Surfreise. Ich hatte gerade angefangen, für ein Surfmagazin zu arbeiten, und die Welt um mich herum wurde irgendwie größer und cooler. Der Tag, an dem ich hingegen alleine in Bulls Paddock surfte, war ein ganz normaler Wochentag. Ich war zu der Zeit gerade arbeitslos. Ich weiß noch, dass ich damals sehr viel während der Woche an wunderbar einsamen Stränden surfte. Ich liebte diese Freiheit. Wenn ich nur an einige dieser Momente zurückdenke, finde ich mich immer an einem menschenleeren, wunderschönen Strand wieder. Momente und Gedanken, die mich emotional sehr bewegen. Surfen gibt Menschen, die diesem Sport ihr Leben verschrieben haben, eine sehr starke, sehr lebendige Kraft. Aber man fängt auch an, alles im Leben damit zu vergleichen.

Als ich mit den Surfern und Fotografen über die Geschichten hinter den Bildern in diesem Buch sprach, wurde mir schnell klar, wie bedeutend diese kleinen Momente für diese Menschen sind. Ich sah, wie sich ihr Blick verklärte und die Gesichtszüge entspannten, als sie diese Momente noch einmal durchlebten. Für einen winzigen Augenblick schwelgen diese Menschen dann in Nostalgie. Sie sind dann wieder ganz in dem Moment und fühlen und erleben genau das, was sie damals erlebt haben.

Die über hundert Momente, die man in diesem Buch findet, sind sehr unterschiedlich: Die Fehde zwischen Andy Irons und Kelly Slater, die letzte Welle eines Surfhelden oder der einzige surfende Pygmäe auf der Welt. Manche Momente haben echtes Gewicht. Andere sind einfach kurze kleine Momentaufnahmen. Und während unsere persönlichen Surfmomente mit der Zeit und vielleicht einigen Bieren zu viel immer weiter ausgeschmückt werden oder auch verblassen und sogar verschwinden, hält der Surffotograf einfach einen Ausschnitt der Realität fest. Oder wie Thoreau sagt: »Finde die Ewigkeit in jedem Moment.«

Sean Doherty

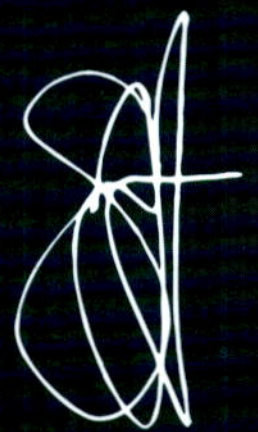

ICEMAN

Manoa Drollet, Teahupoo

Foto: Tim Jones

ICEMAN

Manoa Drollet, Teahupoo *Foto: Tim Jones*

Bei Manoa Drollet fließt das Blut zweifellos etwas kälter durch die Adern als bei anderen Menschen. »Ich hab noch nie erlebt, dass Manoa sauer oder aufgeregt war«, meint Fotograf Tim Jones. Das hängt sicherlich zum Teil mit seinen polynesischen Wurzeln zusammen. Wäre Manoa noch entspannter, dann wäre er fast schon komatös. »Genauso wie im normalen Leben an Land verhält er sich auf dem Wasser. Das spiegelt sich klar in seinem Surfstyle wieder«, sagt Jones. »Nervosität kennt er nicht. Er bleibt einfach cool. Ich denke, genauso muss man sein bei dem, was er tut.«
In den letzten Jahren sind die richtig guten Tage wie dieser in Teahupoo immer nach demselben Schema abgelaufen. Ein- oder zweimal im Jahr rollt ein Monsterswell an. Dann taucht hier die ganze Big-Wave-Mafia auf. Irgendjemand sagt, das seien jetzt die größten Teahupoowellen, die je gesurft wurden. Und am Ende schnappt sich Manoa die größte Welle des Tages. »Es ist schon bemerkenswert«, meint Jones, »er sagt immer, dass es ihm egal ist, da draußen vier oder fünf Stunden zu warten. Hauptsache, er bekommt die größte Welle. An solchen Tagen fahren ohne Ende Jetskis durchs Lineup. Aber das stört ihn nicht. Er lässt sie tun und machen, während er wartet. Manoa ist ein sehr geduldiger Mensch. Deswegen surft er auch die größten Wellen. Er sitzt einfach da und wartet, während alle anderen die Zehn-bis-zwölf-Fuß-Wellen nehmen. Wenn dann eine richtig große reinkommt, versucht auch keiner, sie Manoa streitig zu machen. Alle wissen, dass er hier den ganzen Tag auf genau das Teil gewartet hat.«
Manoa Drollet gilt weltweit als der Surfer in Teahupoo. Aber aus seinem Munde wird man das niemals hören. Man hört ihn sowieso nicht besonders viel reden. »Er ist definitiv der Typ, der da draußen am meisten abgeht«, sagt Andy Irons, jemand, der schon nah an Manoas Fähigkeiten herankommt. »Alle Tahitianer, die den Spot surfen, wenn er echt groß ist, haben's drauf. Aber Manoa wartet eben auf die absoluten Bomben. Ich hab ihn schon unfassbare Monster surfen sehen.«
Natürlich ist nicht jeder Tag riesig. In kleineren Wellen hat Manoa deutlich weniger Spaß. Er braucht einen alternativen Adrenalinkick, und der steht in seiner Garage. Sein Motorrad ist sein Ein und Alles. Und das hätte ihn schon fast sein Leben gekostet, als er mit 160 Sachen einen Abflug hingelegt hat. Freitauchen ist eine weitere Beschäftigung an flachen Tagen. Kaum etwas passt besser zu seiner tahitianischen Gelassenheit. Er kann die Luft fast fünf Minuten anhalten und ist ohne Geräte schon 40 Meter tief getaucht. Ein perfektes Training für sein Big-Wave-Surfen. Auch wichtig, um seine mentale Stärke zu verbessern.
An diesem Tag hatte Manoa illustre Gesellschaft im Lineup: Unter anderen Laird Hamilton, Raimana Van Bastolaer, Garrett McNamara, Jamie Sterling, Shane Dorian. »Manoa und Shane sind ohne Zweifel die besten Jungs da draußen«, stellt Tim Jones fest. »Sie schnappen sich die größten Wellen, und sie gehen am tiefsten in die Tube. Die beiden sind das Maß aller Dinge, und ich denke, das ist kein Zufall. Charakterlich sind sich beide sehr ähnlich. Shane hatte eine krasse Welle an dem Tag. Er surfte unfassbar nah an die brutale Lippe. Das macht sonst niemand, der einigermaßen bei Verstand ist. Unmittelbar danach nahm Manoa die Welle auf diesen Fotos. Ich glaube, er hat zwei bis drei Stunden auf sie gewartet.

FLÜSSIGE GESCHOSSE

Mick Fanning, Mentawai-Inseln

Foto: Andrew Buckley

Auf den Mentawais, nur zwei Grad unterhalb des Äquators, greift man nach jeder sich bietenden Auszeit von der unerträglich feuchten Hitze, die einen den ganzen Tag wie eine Heimsuchung entgegenschlägt. »Es ist die einzige Abkühlung des Tages«, sagt Mick Fanning, während er fast blind durch den tropischen Regenguss paddelt. Surfer, die sich auf den Inseln auskennen, wissen, dass die regelmäßigen Wolkenbrüche hier genauso dazugehören wie die perfekten Wellen. Viele gehen in den stürmischen Regenschauern surfen, obwohl sie die Hand vor Augen nicht sehen können. Einfach nur für ein kleines bisschen Abkühlung.

Auf den Mentawai-Inseln ist alles ständig in Bewegung ... der Ozean, der Himmel, sogar der Boden unter deinen Füßen. Von einem Augenblick auf den nächsten können hier ganze Inseln zwei Meter aus dem Wasser aufsteigen. Der blaue Himmel wird hier schneller schwarz als du einen Teller Nasi Goreng auffuttern kannst. Die Wolke, die diesen Regen auslöst, sieht aus wie eine vertikal wehende Rauchfahne, die Tausende Meter hoch in den Himmel aufragt. Auf den ersten Blick sieht das wie ein Vulkanausbruch aus. »Es war ein wunderschöner, sonniger Morgen«, erinnert sich Fotograf Andrew Buckley. »Wir surften ein paar kleine Spaßwellen, als der Himmel urplötzlich schwarz wurde. Es ging so schnell, dass wir es nicht mal bemerkt hatten. Die Tropfen schlugen hart wie Geschosse ein. Es tat richtig weh, fast wie Nadelstiche. Die Jungs im Wasser drehten ihre Bretter um und versuchten sich so zu schützen. Surfen konnte man nicht mehr. Man konnte die Wellen ja nicht mal mehr sehen.«

Nur eine halbe Stunde später sah es aus, als wäre nichts gewesen. »Die Wellen waren perfekt, es hat kurz kräftig geschüttet, und schon waren die Wellen so gut wie zuvor«, fasst Buckley zusammen.

DAS GEBET VON PADANG

Ketut Yoga Samadhi, Padang/Bali *Foto: Jason Childs*

»In den letzten fünf Jahren hat Surfen auf Bali einen wahren Boom erlebt«, stellt der auf Bali lebende Fotograf Jason Childs fest. Als die ersten westlichen Surfer in den 1970er-Jahren auf die Inseln kamen, dachten die Balineser noch, die seien total wahnsinnig. Die Jungs paddelten einfach raus in die Wellen. Die Einheimischen waren streng gläubig und sehr spirituell. Sie glaubten, dass ihre Götter hoch oben in den Bergen leben und dass der Ozean das Reich der bösen Geister sei. Aber fast 40 Jahre des Surfimperialismus haben heute eine Generation balinesischer Surfer hervorgebracht, die sich vor keinem Wasserdämon mehr verstecken muss.

»Da sind zum Beispiel Riz, Marlon oder Bol. Die surfen allesamt besser als die meisten Jungs von Übersee, die nach Bali kommen«, meint Jason. »Nirgendwo sonst surfen die Locals tagtäglich gemeinsam mit den weltbesten Surfern. Wirklich nirgendwo. Wo sonst auf der Welt kann man den einen Tag mit Kelly Slater eine Welle wie Keramas surfen und schon am nächsten Tag mit Jungs wie Mick oder Parko in Padang? Die ganze Atmosphäre auf Bali. Es ist einfach unvergleichlich. Deswegen trifft sich hier auch regelmäßig die Weltelite. Die lieben es, hier abzuhängen und zu surfen.«

Der Surfer auf dem Foto ist Ketut Yoga Samadhi, genannt Mega. »Er ist aus Bingin in Bukit«, erklärt Jason Childs. »Mega ist ein richtig netter Knabe. Er hat immer ein breites Lächeln auf dem Gesicht. Er ist mit den Tubes von Bingin groß geworden. Er ist es gewohnt, in fetten Barrels zu surfen. Deswegen ist er draußen in Padang genau in seinem Element. Dieses Bild entstand am 28. Mai. Wir hatten den größten Swell seit über zehn Jahren auf Bali. Oben in Uluwatu war er schon am Morgen 20 Fuß hoch. Dieses Foto schoss ich am frühen Nachmittag in Padang. Das war eine der mittelgroßen Wellen. Die richtig großen waren einfach viel zu hoch und knallten closeout auf das Riff. Aber die kleineren waren einfach fantastisch. Tiefe, fette Tubes. Padang, wie es besser nicht geht. Aufgewachsen in Bingin, kann Mega die Tube in Padang sogar mit geschlossenen Augen surfen.«

Und Megas Tube-Pose? »Ich glaube, er betet, dass ihn auch wirklich jemand fotografiert hat!«, lacht Jason. »Oder er betet vielleicht, dass er nicht aufs Riff knallt. Das ist einfach Megas ganz eigener balinesischer Tubestyle.«

DER IKARUS-FLIP

Flynn Novak, Rocky Point

Foto: Sean Davey

»Es war wie jedes andere Foto vom Sonnenuntergang in Kaena Point«, murmelt Fotograf Sean Davey von Hawaii, »nur dass hier eine Sonnenfinsternis drauf ist und ein Surfer über der Welle rotiert!«
Ein Fotograf bekommt nicht oft die Chance, eine Sonnenfinsternis abzulichten. Deshalb trat Davey sich auch schwer in den Hintern, als er merkte, dass er sie beinahe verpasst hätte. »Als ich einige Tage zuvor von der bevorstehenden Sonnenfinsternis hörte, dachte ich mir, dass ich sie einfach vor irgendeiner bekannten Landschaft fotografieren sollte. Zugegeben etwas billig, aber ich hielt es für den sichersten Schuss. Wie auch immer. Ich hatte die Sonnenfinsternis dann einfach total vergessen und stakste runter nach Rocky Point, um ein paar Bilder von Flynn zu machen. Plötzlich fiel mir auf, dass es irgendwie dunkler war als sonst. Ich schaute Richtung Sonne und da fiel mir auf, dass ein großes Stück fehlte. ›Verdammt, die Sonnenfinsternis!‹ Ich wusste, dass Flynn auf dem Wasser war und sicherlich einige Airs raushauen würde. So schnell ich konnte, rannte ich zum Strand hinunter, um Flynns Move und die Sonne in einer Flucht zu haben. Ich hatte riesiges Glück, als er einen Aerial direkt unter der Sonne hinlegte und ich auch noch rechtzeitig auslöste. Diesen Shot werde ich so nie wieder hinbekommen. Man stelle sich mal vor, was alles nötig wäre, das Foto noch mal zu schießen. Mann, da würde man schon einen Haufen Geld rauswerfen und um die Welt reisen müssen auf der Suche nach einer neuen, passenden Sonnenfinsternis.«

DER KALTE KRIEG

Andy Irons und Kelly Slater, Hawaii
Foto: Steve Sherman

DER KALTE KRIEG

Andy Irons und Kelly Slater, Hawaii

Foto: Steve Sherman

Der größte Konkurrenzkampf im Zeitalter des modernen Surfens hatte seinen absoluten Höhepunkt erreicht. Es war in der Woche, bevor die Weltmeisterschaft 2003 in einem legendären Showdown in Pipeline entschieden werden sollte, und ausgerechnet da marschierte Kelly Slater unangemeldet ins Haus seines Konkurrenten Andy Irons. »Kelly ging auf der Suche nach Damo Hobgood rüber zu AI, um Damo zu einer Runde Golf zu überreden«, erinnert sich Fotograf Steve Sherman, der sich zufällig bei Andy aufhielt. »Kelly kam rein, sah sich kurz um und haute dann einfach wieder ab. Andy war schon etwas erstaunt über den unerwarteten Besuch. ›Was zum Teufel war das!‹, rief er, nachdem Kelly weg war. Kelly behauptete später, dass er absolut keine Hintergedanken gehabt hätte ... aber die Surfwelt dachte da anders.«

Die Häuser der Teams an der North Shore von Oahu kann man schon als eine Art Kommune ansehen. Surfer kommen und gehen, checken die Wellen und tauschen hier und da ein paar spannende Geschichten aus. Aber die Stimmung zwischen Andy und Kelly war, eine Woche, bevor sie um die Weltmeisterschaft kämpfen würden, schon sehr angespannt. Andy hatte Kellys Psychospielchen natürlich erkannt. An den folgenden Tagen entbrannte ein heißer Kampf zwischen den beiden draußen im Lineup von Pipe und auch an Land. Andy würde sagen: »Die Spiele sind eröffnet«; bei Andy wie immer mit viel Getöse, bei Kelly eher etwas subtiler. Das Ganze kam zum Höhepunkt, als sich beide einige Tage später im Finale der Pipe Masters wiederfanden. Der Sieger hier sollte sich auch den Weltmeistertitel sichern. Bevor sie rauspaddelten, ging Kelly zu Andy rüber, legte seinen Arm um ihn und flüsterte: »Andy, ich liebe dich, Junge.«

Die beiden schrieben Geschichte an diesem Tag. Die zwei besten Surfer der Neuzeit standen sich gegenüber; der freche, ungestüme Bursche von Kauai gegen den unbestritten brillanten sechsfachen Weltmeister. Kelly hatte sich nach seinem sechsten Weltmeistertitel 1998 von der Pro Tour zurückgezogen. Als er nach vier Jahren Auszeit schließlich zurückkehrte, hatte sich vieles verändert. Die meisten seiner guten Freunde hatten aufgehört, und statt ihrer fand er jetzt Andy Irons vor. Auf einmal waren da zwei verdammt große Rüden in einem echt kleinen Garten. Zur Mitte der Saison, als langsam klar wurde, dass die beiden den Titel unter sich ausmachen würden, wurde die Sache heiß. Nicht zuletzt, als Andy in dem Film »Blue Horizon« lospolterte: »Mein ganzer Antrieb besteht darin, sein kleines, hübsches Bild zu nehmen und in den Dreck zu werfen.«

Dieser rundum ausgeschlachtete Konflikt, egal ob er letztlich echt oder doch eher konstruiert war, pushte nicht nur Andy und Kelly. Er war natürlich gut für den Surfsport insgesamt. »Wäre Andy nicht auf der Tour gesurft, wäre es sicherlich nicht ansatzweise so spannend gewesen«, meinte Kelly Slater später. »Für Andy und mich ist Surfen eine Passion. Das bringt aber auch eine gehörige Portion Ehrgefühl und manchmal Missgunst mit sich. Das geht uns beiden so. Für unseren Sport ist es aber gut so. Es macht die Sache interessant.«

Irons gewann in jenem Jahr das Finale in Pipeline und damit die Weltmeisterschaft. Andy weinte vor Glück. Kelly brach es fast das Herz. 2004 war der heiße Fight zwischen Andy und Kelly eigentlich fast erloschen. Andy holte sich den dritten Titel in Folge. Aber ein Jahr danach kämpften sie wieder um die Krone. Sie trafen in den Finals in J-Bay und in Japan aufeinander, und letzteres ging mit einer Neun-Punkte-Welle in letzter Sekunde an Kelly. Andy war stinksauer. Die Situation war jetzt fast so heftig wie zwei Jahre zuvor am Strand von Pipeline. Aber in diesem Jahr wurde die Weltmeisterschaft schon vorher entschieden. Kelly schnappte sich in Brasilien seinen fast schon unfassbaren siebten Titel. Danach gab es einige Hinweise dafür, dass der kalte Krieg zwischen den beiden langsam abklang.

»Wenn dieser ganze Contestkram hinter uns liegt, könnten wir doch sogar Freunde werden, oder?«, schlug Kelly nach seinem siebten Titel

vor. »Irgendwie wollen die Leute doch einfach nur nicht, dass wir uns gut verstehen. Über unsere Rivalität kann man so schön schreiben und reden und und und … Aber etwas Wahres ist doch daran. Es ist diese Spannung. Sie macht alles ganz einfach. Da gibt es gut und böse, richtig und falsch, schwarz und weiß. Wir sollten das so hinnehmen und einfach unseren Spaß haben.«

Zwei Jahre später haben Kelly und Andy wirklich ihren Spaß. Der Tag, als Kelly in Andys Hütte eindrang, ist eine Ewigkeit her. Kelly hat die Weltmeisterschaft 2005 und 2006 gewonnen. Andy war nicht so gut. Mittlerweile sind weitere Kontrahenten dazugekommen. Die Prioritäten sind andere. Und nicht zuletzt haben sich auch Kelly und Andy verändert. Die einstige Rivalität ist einer ernst gemeinten gegenseitigen Hochachtung gewichen. »Ich hoffe, dass er noch lange dabei bleibt«, sagt Andy. »Er ist eine wichtige Persönlichkeit für die Tour und für den ganzen Surfsport. Er hat viel für mich getan. Er hat dafür gesorgt, dass ich immer top motiviert war und mein Bestes geben musste.«

Und so finden wir sie jetzt hier wieder. Gerade wurden sie ins Viertelfinale des Gold Coast Contests gegeneinander gelost. Seit zwei Jahren sind sie keinen Heat mehr gegeneinander gesurft. Jetzt wachsen sie ihre Boards Seite an Seite. Auf dem Wasser werden sie sich hart batteln, aber an Land werden sie sich bestimmt nicht mehr die Augen auskratzen. Steve Sherman ist auf jeden Fall mit seinem Fotoapparat in ihrer Nähe. »Wie in alten Zeiten«, lacht Andy.

DIE INSEL

Blake Thornton, Südpazifik

Foto: Jeremy Wilmotte

»Die Jungs schweigen wie ein Grab. Nicht mal literweise Alkohol wird sie dazu bringen, diesen Ort zu verraten«, meint Blake Thornton zu dem idyllischen kleinen Fleckchen, das er und seine Freunde im Pazifik entdeckt haben. Und wenn man sich dieses Bild ansieht, ist es wenig verwunderlich, dass die Jungs da sehr verschwiegen sind.

Aber mal im Ernst. Warum sollte man hier herkommen wollen? Es ist überlaufen von weiblichen, schwedischen Backpackern, die australisches Bier trinken. Es gibt noch drei weitere Surfer auf der Insel. Hier sind noch viel mehr solche Spots, die alle bei nordwestlichem Pazifikswell funktionieren, wenn in Australien im Sommer nichts geht. Das ist doch kaum all den Stress wert, oder?

»Ich kam so um ein Uhr nachts an und traf meine betrunkenen Freunde, die schon ein paar Tage zuvor angereist waren. Sie hatten bereits ausgiebig das Nachtleben der Insel getestet«, erinnert sich der australische Surfer Clancy Dawson. »Die Jungs zogen fix Blakes Laptop raus und zeigten stolz die perfekten Sechs-bis-acht-Fuß-Tubes, die sie seit ihrer Ankunft geritten hatten. Nach einer schlaflosen Nacht sprangen wir schnell auf unsere Mofas, um die Morgenwellen zu checken. Die Insel ist voll mit unglaublichen Wellen, und ich war einfach platt von der Schönheit dieses Ortes. Gewaltige Klippen, die aus dem Ozean ragen, und in der Lagune, die zwischen Insel und Riff liegt, ist das Wasser blau wie im Swimmingpool. Wir paddelten an diesem Klassespot raus und wurden von glasklaren Fünf-Fuß-Wogen begrüßt, die sauber über dem Korallenriff brachen. Kein anderer Surfer weit und breit.«

»Dieser Ort ist nichts für Anfänger«, berichtet Fotograf Jeremy Wilmotte. »Beachbreaks gibt es hier gar nicht. Die Wellen brechen allesamt heftig als Barrel. Ich bin noch nie ohne diverse Blessuren von der Insel zurückgekehrt. Entweder von den messerscharfen Korallen oder von den heißen Ritten auf dem Moped. Aber es gibt auf der Insel einfach immer Wellen. Mein nächster Flugschein wird definitiv ein One-Way-Ticket.«

KEIN ZURÜCK

Tom Rudd, Pipeline

Foto: Nathan Smith

»Den unteren Rand von Ruddys Shorts kann man ja nicht sehen«, prustet Fotograf Nathan Smith mit schallendem Gelächter, »deswegen sieht man auch nicht, ob ihm da was Gelbes das Bein runterläuft.« Der junge Aussiesurfer Tom Rudd steht hier einem der heftigsten Ungetüme der Surfwelt gegenüber. Es gehört einiges dazu, hier rauszupaddeln, in Pipeline! »Die Sonne war noch nicht ganz oben«, erinnert sich Nathan, »es war bedeckt und düster. Es sah einfach nur böse aus. Die Wellen waren zehn bis zwölf Fuß hoch und brachen an diesem Morgen besonders brutal. Spaß ist wirklich was anderes. An Rudds Stelle hätte jeder auf diesem Foto sein können. Sie hätten in diesem Moment alle dasselbe gedacht: ›Muss ich mich schämen, wenn ich jetzt einfach umkehre und nach Hause gehe? Kann ich mich nicht verziehen und stattdessen eine schöne Tasse Tee trinken?‹«

Aber Toms Dilemma war leider, dass er auf Hawaii in der berüchtigten Bude der Volcomteamfahrer hauste. Vom Volcomhaus hat man Pipeline ständig im Blick. Es befindet sich nur ein paar Meter hinter Ruddy auf diesem Foto. In dem Haus wohnen im Winter einige der mutigsten Pipelinesurfer, Jungs, die diesen Spot in- und auswendig kennen. Die Jungs sind ungefähr so hart wie das Pipe-Riff selbst und ähnlich kompromisslos. Besonders, was einen jungen Aussie wie Tom angeht. Etwa ein halbes Dutzend der Kerle sitzen noch auf der Veranda und schauen sich an, welche Fortschritte Ruddy macht. So geht es allen jungen Surfern, die im Winter im Volcomhaus unterkommen. An hässlichen, riesigen Tagen wie diesem rausgehen zu müssen, wird gemeinhin als eine Art Miete betrachtet.

»Er musste morgens wahrscheinlich schon etwa eine Million Klimmzüge und Situps machen, und das nach einem Zehn-Kilometer-Lauf mit den Jungs«, lacht Smithy. »Es gibt also definitiv keine Chance, dass er einfach umdreht und wie ein begossener Pudel sagen kann: ›Sorry, Jungs, aber ich denke, ich gehe lieber runter nach Rocky Point und geh in sechs Fuß surfen.‹« Aber Ruddy ist ein mutiger Bursche. Er hat schon genug Zeit im Volcomhaus verbracht, um zu wissen, wie es läuft. Er widersteht dem Drang, einfach abzuhauen und sich einen Grande Latte bei Starbucks zu genehmigen. Er paddelt raus und greift sich ein paar fette Monster ab. »Er ging raus und hat an dem Morgen Vollgas gegeben«, fasst Nathan Smith zusammen. »Einige Male wurde er hart durchgewaschen. Aber Ruddy gehört zu den Jungs, die selbst dabei 'ne Menge Spaß haben.«

DIE GEISTERWELLE

Malik Joyeux, Pipeline
Foto: Andrew Buckley

DIE GEISTERWELLE

Malik Joyeux, Pipeline

Foto: Andrew Buckley

»Das war die letzte Welle von Malik Joyeux, bevor er starb«, erinnert sich Fotograf Andrew Buckley. »Es gibt kein Foto (siehe vorhergende Doppelseite), das mich emotional so stark berührt. Mehr als das Bild der Welle, in der er tatsächlich starb. Als ich mir den Shot später ansah, bin ich fast durchgedreht. Jedes Bild, das ich an dem Tag geschossen habe, war gestochen scharf. Alle waren super belichtet und sauber. Und dann sah ich dieses Bild, mit diesem leichten Geisterbild hinter Malik. Um ihn herum ist alles klar. Nur er hat so ein Doppelbild. Ich fand das absolut unheimlich. Ich erinnere mich, dass ich einfach nur dasaß und drauf starrte. Ein Geisterbild, das auf der Welle verschwindet, bevor er ertrank. Hier ist irgendwie mehr im Spiel. Natürlich kann man das technisch erklären. Aber warum ist dieses Phänomen ausgerechnet auf diesem Foto?«

Malik Joyeux stammte von der idyllischen Tahitiinsel Moorea. Man musste diesen Kerl einfach gern haben. Er ließ einem gar keine andere Wahl. Es ging immer diese magische Entspannung von ihm aus. Ihn umgab eine absolut positive und ruhige Aura. Das hätte fast darüber hinwegtäuschen können, dass er einer der mutigsten Big-Wave-Surfer der Welt war. Zwei Jahre vor seinem tragischen Tod ritt er die größte je gesurfte Welle in Teahupoo. Teahupoo wurde über die Jahre zu Maliks Paradewelle. In der Surfwelt hat sie Pipeline auf Hawaii den Rang als gefährlichste Welle der Welt abgelaufen. Daher hätte auch niemand den tragischen Vorfall am Morgen des 3. Dezember je für möglich gehalten. Pipeline hatte an dem Tag höchstens vergleichsweise harmlose Acht-Fuß-Wellen.

»Ich paddelte grade nach ›Off the Wall‹ rüber und hielt kurz neben Malik, um ihn zu begrüßen«, erinnert sich der Australier Kieren Perrow. »Von der Seite nahm ich wahr, wie er in die Welle droppte, konnte dann aber nicht mehr sehen, was geschah. Kurze Zeit später ging die Aufregung los. Ich wusste sofort, dass irgendetwas Schreckliches passiert war. Am Strand rannten die Leute wild durcheinander und jeder paddelte vom Lineup in die Impact Zone.«

»Als Erstes fiel mir das Getuschel auf«, berichtet Andrew Buckley. »Ich fragte Andy Irons, was da los sei, als er an mir vorbeipaddelte. Er meinte, er sei sich nicht sicher. Aber möglicherweise hatte jemand einen harten Wipeout. Wir wollten rüberpaddeln, um zu helfen. Aber es war unmöglich, von Backdoor nach Pipe zu gelangen. Plötzlich wurde es ruhig und ich dachte sofort, dass sie vielleicht irgendwen gefunden hatten. Andy und ich hatten da noch keine Ahnung, wer es sein könnte. Kurz danach nahmen wir beide eine Welle. Andy starrte rüber nach Pipe. Ich fragte ihn, was passiert war: ›Es ist Malik ... und ich glaube, er ist noch nicht wieder aufgetaucht.‹«

»Ich paddelte rein. Fast alle im Lineup taten das, um nach ihm zu suchen«, erzählt Kieren Perrow. »Es sprach sich schnell rum, dass es Malik war. Alle waren total erschüttert. Ich hatte ein Scheißgefühl. Es war schon eine Ewigkeit her, dass er gestürzt war. Mir lief ein eiskalter Schauer über den Rücken, als sie ihn schließlich etwas weiter unten am Strand fanden.«

»Plötzlich hörten wir wieder aufgeregtes Stimmengewirr«, berichtet Buckley, »das war bestimmt schon zehn Minuten, nachdem es passiert war. Man hatte ihn immer noch nicht gefunden, und er war die ganze Zeit unter Wasser. Als sie ihn endlich fanden und ins Krankenhaus brachten, verließ jeder das Wasser. Jeder wusste, was los war. Es war ein perfekter Pipelinetag. Acht Fuß und jede Menge gute Wellen. Aber keiner war surfen. Es war unheimlich. Wie in einer Geisterstadt. Wir saßen etwa eine halbe Stunde vor unserem Haus. Dann sahen wir die Hawaiianer einen Kreis am Strand bilden. Da wussten wir, dass es sicher war. Malik war tot. Wir konnten es nicht fassen. Den ganzen Tag paddelte niemand mehr raus.«

Mick Fanning hatte die ganze Aufregung mitbekommen und sagte: »Ich wusste sofort, dass ich an diesem Tag einen Freund verloren hatte.«

MONDWELLEN

Keramas, Bali *Foto: Jason Childs*

»Es ist schon erstaunlich«, erzählt Fotograf Jason Childs, »ein Surfer kann sich schon für eine so winzige Welle begeistern. Es muss nicht immer Waimea mit 35 Fuß sein. Manchmal tut es auch eine kleine Fünf-Zentimeter-Schönheit in Keramas. Die kann dich genauso faszinieren. Manchmal sitzen Surfer stundenlang da und betrachten begeistert so eine kleine Welle. Das hat mit dieser umfassenden Schönheit von Wellen zu tun, ganz egal welche Größe sie haben.«

Jason lebt im Wellenparadies Bali, und über einen Mangel an Wellen kann er sich da wahrlich nicht beklagen. Aber selbst ihn zogen diese winzigen perfekten Wogen in ihren Bann, als er morgens Richtung Spot schlenderte.

»Das war schon merkwürdig. Das Hochwasser in Keramas kam an dem Tag besonders extrem rein, sodass das Meerwasser bis in die Flussmündung spülte. Ich fotografierte gerade einige Surfer, als Jamie O'Brien plötzlich rief: ›Hey, komm mal rüber und sieh dir das an!‹ Und da waren sie. Diese kleinen absolut perfekten Teile, die die Sandbank runterliefen. Jamie hatte eine kleine Digitalkamera, mit der er die Wellen ablichtete. Die Shots sahen einfach fett aus. Eigentlich hätten die Wellen draußen ja nicht so berauschend sein können. Hatte ich doch Zeit, diese zentimeterkleinen Dinger im Flussbett aufzunehmen. Aber ich kann mich erinnern, dass der Swell echt groß war. Deswegen lief das Wasser ja überhaupt bis in den Fluss. Ich rannte runter zu Jamie. Es gab diverse Plätze, wo sie brachen, und ich positionierte mich genau dazwischen. Ich musste einfach nur draufhalten. Zwischendrin trieben all die Beachschlappen der Surfer. Ich stellte mir vor, dass die kleinen Wellchen perfekte Sechs-Fuß-Tubes seien und die Schlappen, die durchs Lineup waberten, etwa 50 Fuß. In etwa wie die TITANIC.

Erst als ich die Bilder zu Hause auf dem Computer schwarz-weiß einfärbte, entfalteten sie ihre ganze Magie. Wie sich das Licht in ihnen spiegelt und der Kontrast zum schwarzen Vulkansand. Sie sehen irgendwie lebendig aus. Würde es Wellen auf dem Mond geben, sähen sie sicherlich genauso aus.«

DIE VERGESSENE KÜSTE

Cale Grigson, Westaustralien

Foto: Russell Ord

Hier hat man wahrlich viele einsame Momente. Surftechnisch ist man im Niemandsland. Nur Schotterpisten, ewig weite Entfernungen, der fauchende Ozean und ohne Ende leere Wellen. Die ruhigste Ecke von Australien. Surfer sind hier die Ausnahme, nicht die Regel. Ein Platz, an dem man immer das Gefühl hat, dass einen irgendwas beobachtet, auf jeden Fall eher als irgendwer. In dieser totalen Einsamkeit lebt Cale Grigson.

»Es ist schon manchmal unheimlich, aber ich bin hier zu Hause und hab mich daran gewöhnt, alleine zu surfen«, sagt Cale. »Ich hab das schon immer gemacht. Als Anfänger habe ich Jungs zum Surfen gesucht. Aber da war keiner, also musste ich alleine durchstarten. Ich denke da nicht viel drüber nach. Es darf ruhig etwas unheimlich sein. Die Wellen sind einfach so gut, dass du eh rausgehen musst. Meine Homespots liegen über Hunderte Kilometer entlang der Küste. Wir sind hier ständig auf Wellensuche, meistens mit Allradfahrzeugen. Wo wir surfen, gibt es wenig Straßen.«

Das Foto zeigt einen ganz normalen Tag in Cales Surferleben, mal abgesehen davon, dass Fotograf Russell Ord dabei war. »An dem Tag waren wir zu zweit surfen, nur ich und ein Freund. An dem Spot ragen überall Steine aus dem Wasser. Es ist superflach. Du wartest fast nur drauf, dass deine Finnen knicken. An dem Tag habe ich mir ein paar dicke Schrammen ins Board gehauen. Und die Nose musste auch dran glauben. In dem Riff sind einige tiefe, schwarze Löcher. Würde mich nicht wundern, wenn da drin irgendetwas Gruseliges haust.

Ich bin sehr glücklich, hier aufgewachsen zu sein. Ich mag die Einsamkeit. Natürlich hast du kein Nachtleben wie in der Stadt, aber wir haben trotzdem unseren Spaß. Ich kann hier zum Beispiel angeln gehen und fast immer perfekte Wellen mit ein paar Jungs surfen. Ich hab auch mal für einige Zeit an der Ostküste gewohnt. Aber ich kam da nicht klar. Habe totales Heimweh bekommen. Die ganzen verdammten Ampeln haben mich fast wahnsinnig gemacht.«

(Anmerkung: In der Stadt an der Ostküste, in der Cale kurz lebte, gab es genau zwei Ampelanlagen.)

EIN NEUES LEBEN

Richie Lovett, Lance's Right
Foto: Nathan Smith

EIN NEUES LEBEN

Richie Lovett, Lance's Right — *Foto: Nathan Smith*

»Ich weiß Wellenreiten einfach viel mehr zu schätzen als zuvor. Ich bin so dankbar, dass ich einfach rauspaddeln und surfen gehen kann.« Knapp 16 Monate bevor dieses Foto entstand, wurden die Karten in Richies Leben auf brutale Art und Weise neu gemischt. In seiner rechten Hüfte war eine seltene Krebsform diagnostiziert worden. Der Prosurfer aus Manly musste sich einer schweren Operation unterziehen. Die oberen zehn Zentimeter seines Femurknochens wurden herausgetrennt und durch einen Titaniumstab ersetzt. Als er zu sich kam, fand er sich im Bett eines kalifornischen Krankenhauses wieder, nicht sicher, ob er da jemals wieder rauskommen oder ohne Hilfe laufen können würde. Surfen? Nun, davon durfte er eigentlich nicht mal träumen. Während der schweren Zeit verlor Rich aber niemals seinen Humor. Die erste Röntgenaufnahme seines Implantats mailte er mit diesem Betreff an seine Freunde: »Hier, schaut euch meine neue Hardware an!« Acht lange Monate konnte er nicht laufen. Aber dann klappte es endlich wieder. Es folgte Schwimmen im Pool und schließlich fast unausweichlich die Rückkehr ins Meer. Nachdem der Krebs entfernt worden war, eroberte Richie sich langsam, aber sicher sein Leben zurück. Den Grad seiner Genesung konnte man an der Größe des Boards ablesen, mit dem er unterwegs war. Die ersten Male paddelte er vorsichtig auf einem Neun-Fuß-Malibu raus. Es dauerte keinen Monat, da kam das Selbstvertrauen zurück und er surfte wieder auf einem 6.8er. Zu dem Zeitpunkt wollten einige seiner Freunde einen Trip im Indischen Ozean starten. Taj Burrow, Jake Paterson, Luke Stedman, Tom Whitaker und Jarrad Howse charterten das Boot ASIA und nahmen ihren alten Kumpel Richie mit auf den Surftrip zu den Mentawais. »Die Mentawais waren ein Traum für mich, um wieder richtig durchzustarten. Die Wellen laufen lang und brechen perfekt. Sie sind relativ leicht einzuschätzen. Meine Freunde waren einfach klasse. Sie haben mich weder in Watte gepackt noch sonst irgendwie anders behandelt.« Nach zwei Wochen war Rich auf dem Board fast wieder der Alte. Neben seinen wiedererlangten Surffähigkeiten hatte er aber vor allem entdeckt, was am bedeutsamsten ist. »Vor der Erkrankung war Surfen das Allerwichtigste für mich. Die Prioritäten waren knallhart gesetzt. Da hat sich in mir etwas zum Positiven gewandelt. Das Wichtigste auf der Welt sind für mich jetzt auf jeden Fall meine Frau, meine Familie und meine Freunde. Surfen kommt erst danach. Nicht zuletzt deswegen war dieser Bootstrip so wunderbar. Ich dachte nicht ständig an meine Bretter oder daran, mich mit den anderen zu vergleichen oder gute Fotos abzustauben. Ich war da, um vieles nachzuholen. Vor allem um eine gute Zeit mit einigen meiner besten Freunde zu erleben. Das Surfen war für mich nur das i-Tüpfelchen.«

LAURIES MEGARITT

Laurie Towner, Backdoor Pipeline *Foto: Sean Davey*

Laurie Towner brauchte genau eine Welle, um der bekannteste Nachwuchssurfer auf dem Erdball zu werden.

Als der große, freundliche Landbursche aus Angourie an der North Shore bei Oahu auftauchte, unterschied er sich kaum von den Tausenden anderen jungen Kerlen, die sich da regelmäßig in die Wellen werfen und sich sonst aus allem Stress raushalten, in der Hoffnung, sich mit der Zeit einen Namen zu machen. Bei Laurie lief das anders.

»Ich hatte einfach Glück«, erzählt er zurückhaltend. »In Pipeline war es mir zu voll und ich wollte rüberpaddeln, als sich auf einmal dieser Brecher an einer absolut ungewöhnlichen Stelle des Riffs aufbaute. Es war weder Backdoor noch Off the Wall. Ich war zuerst nicht gerade begeistert von dieser unerwarteten Herausforderung. Mir blieb quasi nichts anderes übrig, als das Ding anzupaddeln«, sagte er später.

Seine Welle wurde gemeinhin als der beste Ritt des Winters in Oahu betrachtet. Laurie selbst würde das allerdings niemals behaupten. Aufgewachsen in Angourie, waren große Reden noch nie seine Sache. Er weiß außerdem, dass man sich auf Hawaii keinen Gefallen damit tut, wenn man zu heftig auf den Busch klopft. »Naja, ich weiß nicht. Es war schon eine richtig coole Welle, aber ich würde nicht sagen, dass es der beste Ritt der ganzen Saison war. Ich musste da ja eh nur drin stehen.«

Laurie konnte den Ruhm dieser Welle auch niemals wirklich genießen. Nur wenig später schlug drüben in Pipe Malik Joyeux aufs Riff und starb. Auf dem Bild von Maliks letzter Welle einige Seiten vorher sieht man die grüne Boardshorts von Laurie, wie er grade rauspaddelt.

»Es war eine gespenstische Atmosphäre«, erinnert sich auch Sean Davey. »Kurz nach Lauries Welle starb Malik, und jeder stürmte aus dem Wasser. Lauries Riesenritt interessierte da verständlicherweise erst mal niemanden mehr.«

REEF

DAS WUNDER VON CAPBRETON

Mark Occhilupo, Frankreich

Foto: Bernhard Testemale

Nach 20 Jahren auf der Pro Tour war es Mark Occhilupos letzte Saison, und er war weit davon entfernt, einen glorreichen Abgang hinzulegen. Er hatte erst einen einzigen Heat in der ganzen Saison gewonnen. Und das war schon fünf Monate her, zu Hause in Bells Beach. Als die europäischen Tourstopps ab September auf dem Programm standen, war die 41-jährige Surflegende in der Rangliste praktisch im freien Fall, ohne Aussicht auf Besserung. Für einen der besten Surfer weltweit konnte das kaum ein würdiger Abschied sein.

Occ musste beim anstehenden Contest in Capbreton, Frankreich, gegen seinen guten Freund Bede Durbridge antreten, wild entschlossen, seinem rasanten Absturz endlich ein Ende zu setzen. Bede war erst ein Jahr alt, als Occy bereits seinen ersten großen Pro-Tour-Event gewann. Und jetzt, als es nach einem unrühmlichen Ausscheiden für Occ aussah, ging es für Bede gerade steil bergauf. Die beiden paddelten in die perfekten Fünf-Fuß-Wellen raus. Occys Stimmung ging aber gleich zu Anfang rapide in den Keller. »Als Bede die Welle anpaddelte, wusste ich, dass es eine lupenreine Zehn werden würde«, berichtet Occ. Alles sah danach aus, dass Occy keine Chance haben würde, als der kleine Lümmel aus North Stradbroke in Australien schon in den Anfangsminuten diesen perfekten Score hinlegte. In 30 Jahren der professionellen Surftour kannst du Heats an einer Hand abzählen, die ein Surfer mit einer perfekten Zehn noch verloren hat. Occ bedurfte also wahrlich göttlichen Beistands, um das Ding noch umzubiegen. Und tatsächlich. Zwischen all den surfverrückten französischen Fans am Strand hatte Occy scheinbar genau die richtigen auf seiner Seite. Ihre weißen Schleier wehten gemächlich in der leichten Offshore-Brise.

»Ich würde lügen, wenn ich sagen würde, dass ich keine Tränen in den Augen hatte«, jubelte Occy nach seinem Sieg. Sekunden vor Ende des Heats baute sich aus heiterem Himmel eine Heil bringende Welle hinter ihm auf. Er surfte sie bis an den Strand und machte im letzten Moment genug Punkte, um Bede doch noch zu besiegen. »Ich surfe seit 20 Jahren Contests, aber das war definitiv der verrückteste Heat, den ich jemals hatte. Da kann man schon mal Gefühle zeigen. Das war fast wie ein Wunder ...«

DAS JUWEL

Peterson Rosa, La Jolla, Mexiko
Foto: Dave Sparkes

DAS JUWEL

Peterson Rosa, La Jolla, Mexiko

Foto: Dave Sparkes

Es hätte bei der Show wirklich alles schief gehen können. Aber am Ende konnte es besser nicht sein. Die Idee, die 45 besten Surfer der Welt in eine staubige, gottverlassene Ecke im tiefsten Mexiko einzufliegen, hatte eine Menge schwer planbarer Facetten. Die Jungs sind eigentlich moderne Klimaanlagen gewohnt. Sie also kurzerhand in Zelte zu verfrachten war nicht ohne Risiko. Würden wir überhaupt Wellen bekommen? Würde Montezumas Rache um sich greifen? Und natürlich das Wichtigste: Würden wir gute Bilder produzieren können? Der Spot hieß »La Jolla«, das Juwel. Niemand sprach im Vorfeld des Contests viel über den Ort. Hauptsächlich weil niemand je etwas davon gehört hatte. Noch eine Woche vor dem Contest redete keiner über das Juwel. Die Jungs hatten gerade eine unfassbar gute Woche auf der Pro Tour hinter sich.

»Bevor ich losfuhr, hörte ich ein paar Sachen von meinem Freund Hungsey über den Spot. Er war schon einige Male durch Mexiko gereist«, erinnert sich Sparkesy. »Er sagte, dass da eine prima Rechtswelle sei, aber ohne sie zu sehr zu loben. Ich kam in Mexiko am Flughafen an und wurde von Raff abgeholt. Er sah etwas abwesend aus und meinte: ›Junge, das ist wie Snapper da, nur noch besser.‹ Und das war, bevor der eigentliche Swell kam.

Am nächsten Morgen fuhr ich über einen Hügel zum Spot, und da sah ich es: acht bis zehn Fuß, die an der Landspitze anfingen zu brechen und sich sauber über die ganze Sandbank bis an den Strand schälten. Das ist dieses einmalige Gefühl, das jeder Surfer kennt: Du fährst über den letzten Hügel und dann siehst du das erste Set und wirst plötzlich ganz hektisch. Du hörst wie die Bomben auf den Strand donnern. Besser kann ein Ankommen am Spot kaum sein. Klar, ich hatte natürlich kein Board dabei. Ich war ja in erster Linie als Fotograf da.

Der Contest fing am nächsten Tag an. Es war etwas kleiner geworden, dafür aber noch sauberer. Der Contest ging ohne Pause in vier Tagen über die Bühne. Alle waren sprachlos. Jeder war total genervt, wenn er rausflog. Nicht wegen irgendwelcher Preisgelder oder Ranglistenpunkte, sondern weil damit die Chance hin war, den Spot für einige Minuten für sich ganz allein zu haben. Das muss man sich mal vorstellen. Das waren alles gestandene Surfprofis, die ständig ihre Wettkämpfe in den besten Wellen der Welt surfen; und wenn sie das gerade nicht tun, reisen sie auf extra für sie arrangierten Surftrips zu den besten Spots des Planeten. Nicht leicht, diese Jungs zu beeindrucken. Surfer, die eh schon an Weltklassespots wohnen wie Parko oder Taj waren genauso begeistert wie Typen wie Tommy Whitaker, der aus dem australischen Bronte stammt.«

Es ist nicht leicht, die Highlights auszumachen. Es gab die ganze Woche nichts Durchschnittliches. »Ich erinnere mich an eine Welle von Willsy. Ich glaube, das war am dritten Tag. Nicht leicht, sich da so genau zu erinnern, weil alle Tage so perfekt waren. Sie war so vier Fuß, vielleicht auch mal sechs. Jeder Tropfen in der Welle war am richtigen Platz, und sie brach absolut lupenrein vom Point bis an den Strand. Bevor der Contest anfing, hatte Willsy schon so ein unfassbares Teil bekommen. Er ging auf ein und derselben Welle viermal für bestimmt acht Sekunden in die Tube. Am gleichen Morgen hatte auch schon Taj so eine unglaubliche Welle bekommen. Er schoss aus der Tube und hielt sich die Hände vors Gesicht, als wollte er sagen: ›Verdammt, was war das denn?‹.

Ich hab keine Ahnung, ob die Jungs überhaupt wussten, was für ein Glück sie gehabt haben. Ich unterhielt mich mit einem Local, der meinte, dass er die Welle noch niemals so perfekt gesehen hatte, und auch niemand, den er kannte, hatte dort jemals so etwas erlebt. In den Wochen vor dem Contest hatte es viel geregnet und es war etwas Sand weggespült worden. Eine Woche vorm Event hatte dann ein kleinerer Swell die Sandbänke richtig sortiert. Als dann der richtige Swell kam, war also alles perfekt vorbereitet.«

Nur nebenbei erwähnt, Andy Irons gewann den Contest. Aber das war wirklich nur eine Nebensache. Der wahre Star war die Welle.

SCHWEIN GEHABT!

Nathan Hedge, Marshall-Inseln *Foto: Andrew Buckley*

Jedes Mal, wenn Nathan »Hog« Hedge zu einem Fototrip für seinen Sponsor aufbricht, gibt ihm sein Teammanager Gary Dunne dieselbe Warnung mit auf den Weg: »Denk dran, Hog. Das ist kein Angelausflug!«

Dieser Trip zu einigen Inseln im einsamen Nordpazifik wurde zeitweise aber genau das. »Wir fanden einfach keine Wellen«, erinnert sich Andrew »Shorty« Buckley. »Es stürmte die ganze Zeit, es gab kaum Swell, und wir waren mitten im Nirgendwo. Der Wind pustete bestimmt mit 30 bis 35 Knoten. Er kam zwar offshore, aber die Inseln sind so flach, dass man nirgendwo Abdeckung fand. Der Wind krachte überall voll rein. Man konnte absolut nicht surfen.«

»Eine Woche waren wir ohne Wellen, und dann wollten noch nicht mal die Fische beißen. Das trieb Hog langsam in den Wahnsinn. Ich war gerade unter Deck und sah mir einen Film an«, erzählt Shorty, »als Hog plötzlich reinstürmte und auch schon wieder rausrannte. ›Was machst du da?‹, brüllte er, ›lass uns da rausgehen, es geht ab!‹ Ich kam an Deck und schaute aufs Meer. Kein Zweifel. Er hatte definitiv den Verstand verloren. Er sah da wohl eine Fata Morgana. Es waren zwei Fuß, höchstens drei, und die Chance auf ein gutes Foto ging gegen null. Aber er wollte eben surfen gehen. Also zog ich meine Flossen an, schnappte mir die Kamera und sprang vom Boot. Die Strömung packte mich sofort und zog mich raus Richtung Lineup.

Dieses Bild machte ich von Hogs erster Welle. Sofort danach spülte es mich aufs Riff und dann direkt raus aufs offene Meer. Das war's auch schon. Ich rief nach unserem Boot. Ich war keine fünf Minuten draußen und hatte nur ein einziges Foto geschossen. Hog kam rein und meinte nur: ›Okay Shorty, wenigstens haben wir's probiert.‹ Ich dachte einfach nicht weiter drüber nach. Bis ich abends das Bild, dieses eine Bild, auf meinen Rechner zog. Ich blickte erfreut auf den Bildschirm und rief Hog: ›Hey, Junge, das solltest du dir mal ansehen.‹ Wenn jemals ein Foto typisch für einen Surfer war, dann dieses hier. Das Brett beim Turn halb unter Wasser gedrückt. Er starrt wie ein hungriges Tier auf die Lippe. Das ist Hog. Und wenn ich mir so überlege, dass im Umkreis von 1000 Seemeilen kein anderer Surfer in der Nähe war. Und dass dieser magische Moment beinahe niemals festgehalten worden wäre ... Puh!«

RIP CURL

HACKORDNUNG

Snapper Rocks *Foto: Simon Williams*

»Das hier«, jolt Joel Parkinson, während er auf dieses Foto deutet, »das ist wahrscheinlich die lustigste Show, die ich je gesehen habe. Der Arme auf der Inside tut mir einfach nur leid. Beim Take-off dachte er wahrscheinlich, das wird die Welle seines Lebens.«

Aber nur, bis er runtergepfiffen wurde. Von links nach rechts: erst von Yadin Nicole und dann von Dane Hamilton. Aber der Grund, warum Parko bestimmt immer noch nachts wach wird und sich vor Lachen krümmt, ist die kleine Figur in der oberen linken Ecke, die grade im Begriff ist, allen anderen reinzudroppen, sein guter Freund Dean Morrison.

Keiner schnappt sich am Snapper so viele Wellen wie Deano. Der würde da draußen sogar gegen den Teufel persönlich gewinnen. Immer wenn er rausgeht, finden ihn die besten Wellen von ganz allein. Und selbst wenn die besten Wellen mal jemand anderen zuerst erreichen, findet Deano immer noch einen Weg, sie trotzdem zu reiten. Unter seinen Freunden hat er den Ruf als Serienreindropper weg. Aber gut, draußen in Snapper Rocks ist man ja auch nicht grade Robinson Crusoe. Dieser Spot ist praktisch gesetzlos. Der arme Junge auf der Inside ist nicht der Erste und wird mit Sicherheit auch nicht der Letzte sein, dessen Traum von einem schönen Ritt brutal in der Sandbank endet. Es gibt hier immer jemanden, der stärker ist, mehr Local als der andere oder dem es schlichtweg an der körperlichen Fähigkeit zu mangeln scheint, den Blick beim Take-off mal nach links zu wenden. Manchmal ist das extrem ärgerlich, manchmal aber auch einfach nur lustig. Wenn sich so eine Situation vor dir abspielt, kannst du doch einfach nur die Zirkusmusik aufdrehen und dich totlachen.

Deano sieht auf dem Foto ganz schön aggressiv aus. »Pah, die sind doch alle hinter mir hergepaddelt«, wird er wohl denken.

DER ZEITTUNNEL

Wayne »Rabbit« Bartholomew, Mexiko
Foto: Andrew Buckley

DER ZEITTUNNEL

Wayne »Rabbit« Bartholomew, Mexiko

Foto: Andrew Buckley

Wenn es um Tuberiding geht, weiß dieser Mann ganz genau Bescheid. Wayne »Rabbit« Batholomew war, wenn andere in der Schule saßen, meistens surfen und versteckte sich gern mal in den Tubes von Kirra an der Gold Coast vor seinen Lehrern. »Bugs« hat das Tuberiding in den frühen 1970er-Jahren in Kirra revolutioniert. Er ritt tiefer in den Wellen als jeder andere mit einem ganz einfachen extravaganten Style. Manchmal verschwand er so lange in der Röhre, dass er Zeit gehabt hätte, sich einen Tee zu kochen.

30 Jahre später ist Rabbit im dichten Wald in Mexiko unterwegs und findet eine Rechtswelle, die ihn ganz nah an seine damalige Blütezeit in Kirra zurückbringt. »Der Spot war Kirra ganz ähnlich«, erinnert sich Bugs, »es war praktisch ein Mix aus Snapper, Burleigh und Kirra. Der Take-off ging ab wie am Snapper, in der Mitte war's wie in Burleigh an einem guten Tag, und am Ende kam die typische Kirra-section. Es fühlte sich genauso an wie in Kirra. Man konnte richtig tief reingehen, und es war klar, dass sie einen am Ende gnadenlos in den Sand stampfen würde, wenn man nicht rechtzeitig ausstieg.«

Heute sitzt Bugs im feinen Präsidentenbüro der ASP, der Vereinigung der professionellen Wellenreiter. Ein Privileg bei dem Job ist, dass »El Presidente« jedes Mal auf Besuch kommt, wenn die Dream Tour von einem Traumspot zum nächsten rund um den Erdball reist. Natürlich alles für die Pro Tour! Und so geschah es, dass Rabbit, während er sich von einer kleinen Malariainfektion erholte, im Rahmen der Tour in Mexiko weilte, und zwar ausgerechnet, als die Tour mit den besten Wellen seit ihrem 30-jährigen Bestehen beschenkt wurde.

»Das war eine Session am späten Nachmittag, direkt nach den Heats«, erinnert sich Bugs. »Ich zwang meinen malariagebeutelten Körper ins Wasser, und irgendwie schaffte ich es sogar, rauszupaddeln. Das war schon mal das erste Wunder. Das zweite war, dass ich sofort eine Welle bekam. Eine richtige. Auf dieser einen Welle ging ich dreimal in die Tube. Dann war ich auch schon fertig. Ich wusste, dass ich nur sehr wenig Kraft hatte, und da war ich echt begeistert, dass ich direkt so einen fantastischen Ritt hatte. Ich war erst vor einer Woche aus dem Krankenhaus entlassen worden und fühlte mich noch entsprechend schwach. Die 40 Grad Lufttemperatur waren da natürlich auch nicht gerade optimal. Umso besser noch, dass ich die Welle bekommen hatte. Am nächsten Morgen versuchte ich mein Glück noch einmal. Aber schon das Rauspaddeln war mein Ende, und am späten Nachmittag konnte ich dann gar nicht mehr surfen gehen. Keine Ahnung, ob das hier der erste oder zweite Tuberide war. Zu Hause komme ich, wenn ich mich konzentriere, oft in einen ganz entspannten Cruise-Modus. Dann hol ich mir eine Tube nach der anderen. Das fühlte sich da genauso an, es war fast wie zu Hause.« Was Bugs' Welle noch viel unglaublicher macht, ist die Tatsache, dass sich sein vorderer Fuß in der Leash verheddert hat. Normalerweise der Todesstoß für einen guten Ritt.

Mit der Welle surfte Bugs quasi in seine Vergangenheit. Sein geliebtes Kirra zu Hause war als Folge der Sandaufspülungen schon seit Jahren nicht mehr so gut gebrochen. Viele haben den Spot schon abgeschrieben und meinen, dass es da nie wieder so laufen wird wie in Bugs' Kindheit. »In dieser Nacht in Mexiko fand ich keinen Schlaf. Auf der einen Seite war ich aufgeregt, weil ich praktisch gerade ›Kirra‹ gesurft hatte. Auf der anderen Seite war ich traurig, weil ich 12 000 Kilometer von zu Hause entfernt war. Statt einfach nur mit einem Kaffee in der Hand runter zum Strand zu gehen, muss ich heute Tausende Kilometer weit um die ganze Welt fliegen, mich mit Skorpionen herumschlagen und in kochend heißem Sand rumspringen. Nur um eine Welle wie in Kirra zu surfen.«

»Bugs lächelte, als er den Strand zurücklief«, erinnert sich Fotograf Andrew Buckley. »Er hatte eigentlich kaum die Kraft zu laufen, aber er konnte eben lachen … und dieses Lachen sagte einfach alles.«

DIE SCHWARZE PERLE

Eddie Vedder, Tahiti F

Gerade heutzutage, da jeder zweite Surfstar, der ein paar
aufnimmt, versucht, eine Karriere als Rockstar hinzuleg
erfreulich, dass die Surfwelt im Gegenzug auch ein paar
zubekommt.
Eddie Vedder von Pearl Jam ist ein leidenschaftlicher Surfer. Bege
er, wie er in jungen Jahren neben dem viermaligen Weltmeister
in einer Reihe in der Touristenklasse sitzen durfte. Wie würde si
ein Teenager fühlen, wenn er neben jemandem wie Eddie im F
würde. Eddie surft einen Fish. Er geht regelmäßig auf Surftrips.
Kelly Slater befreundet, was natürlich jeder Surfer gern wäre. E
haben eine Abmachung: Kelly taucht hin und wieder bei einem
auf und Eddie ist dafür bei Kellys Surftrips dabei. Genau dabei s
hier. Auf einem Trip mit Kelly in Tahiti.
»Um es mal mit den Worten eines alten Freundes auszudrücken«,
»Eddie Vedder ›verkörpert das Ideal eines poetischen, genießend
einem späten Nachmittag gab es fantastische Bedingungen ger
Drollets Haus. Die Jungs surften draußen auf dem äußeren Riff, un
mich, ein paar Bilder in der untergehenden Sonne zu schießen. E
drauf, sich die Action aus der Nähe anzusehen, auch wenn er s
Wellen selbst nicht zutraute. Wir paddelten gemeinsam fast ei
raus an eine sichere Stelle, an der keine Wellen brachen. Er saß
schaute sich die Ritte an, während ich Bilder machte.«
Das war wohl irgendwie zu viel für Eddie. Plötzlich begann er ei
einen möglichen Song auf dem nächsten Pearl-Jam-Album zu träl
len liefen perfekt. Über uns war ein Regenbogen. Das sah aus w
uns rum tanzten die Delfine. Wahrscheinlich werde ich Eddie nie
Aber das war in dem Moment egal. Wir paddelten erst zurück, als
einbrach.«

OWENS GROSSER TAG

Owen Wright, Pipeline

Foto: Andrew Buckley

Man sollte eigentlich denken, dass junge Surfer so was in Pipeline nicht tun sollten. Eigentlich sollten sie so was nirgendwo tun. »Owen ist 15 Jahre alt, das hier ist Pipeline. Das sagt alles.« So fasst Fotograf Andrew Buckley Owen Wrights große Show an diesem besonderen Morgen an einem der härtesten Surfspots der Welt zusammen. Eine Welle, die gestandene Männer auf die Couch eines Psychiaters oder ins Krankenhaus gebracht hätte. Besonders an Tagen wie diesen. Für den großen, schlaksigen Jungen aus Culburra war es nicht mehr als ein harmloser Spaziergang.

»Er war total aufgeregt. Er war da draußen wie auf der Jagd«, erzählt Buckley. »Bei dieser Welle war er schon recht tief drin. Es gibt in Pipeline einige Wellen, in die man so tief reinkommt. Aber es dauert Jahre, bis du das draufhast. Und Owen hat das einfach mal mit seinen 15 Jahren geschafft. An diesem Morgen war er völlig aufgedreht. Er konnte gar nicht schnell genug rauskommen. Er war das krasse Gegenteil zu jedem anderen so jungen Surfer. Er ist einfach raus und hat sich das Ding geschnappt. Und es war ein solider Tag. Es war sogar ziemlich groß. Es brachen große Wellen am zweiten Riff, die alles in den Channel spülten, was sich ihnen in den Weg legte, einschließlich der Fotografen. Es gab kein Verstecken, wenn da eine große Bombe reinrollte. Wäre man so nah am Point gewesen wie Owen und ein großes Teil wäre reingekommen, man wäre geliefert gewesen. Aber er hatte immer wieder Glück, tauchte und schlängelte sich irgendwie durch. Er paddelte alles an, was er kriegen konnte. Er war wirklich verdammt mutig an diesem Tag.«

Wie es sich für einen jungen Surfer gehört, fasste Owen seinen Morgensurf in fünf knappen Worten zusammen: »Jawohl, ich hab ein paar bekommen!«

AM ENDE DER WELT

Kieren Perrow, Shipstern Bluff *Foto: Sean Davey*

»Ich dachte, Kieren würde hier sterben«, berichtet Fotograf Sean Davey aufgeregt. »Der Tag war absolut gnadenlos. Am Vortag hatten die Jungs diese Welle zum ersten Mal gesurft. Sie waren noch dabei, das Monster auszutesten. Kieren droppte in die Welle und ich sah, wie sich die Lippe über ihn bäumte. ›Man, das ist heftig‹, dachte ich. Als er nach einem unfassbaren Wipeout wieder auftauchte, war sein Board in vier Teile zerbrochen. Es war über die ganze Breite und über die ganze Länge zerlegt. So etwas habe ich noch nie gesehen. Das Brett war geviertelt. Das war erst mein zweiter Surftrip, bei dem ich ernsthafte Bedenken hatte, ob alle Jungs wieder heil mit nach Hause kommen würden.«

Es ist einige Jahre her, dass Sean Davey mit den Australiern Kieren Perrow, Mark Mathews und Drew Courtney auf diesen Fototrip nach Tasmanien, nach Shipstern Bluff reiste. Man kannte eigentlich nur Gerüchte über diesen Spot. Nur ein paar wahnsinnige Tasmanier hatten ihn bis dahin versucht zu surfen. »Als ich noch jünger war, hab ich da unten die ganze Küste auf der Suche nach neuen Wellen abgeklappert«, sagt Davey. »Da war dieser eine Ort, an dem man über eine Farm fahren musste, um zum Break zu gelangen. Normalerweise fährt man hinter dem Tor rechts, um zum Spot zu kommen. An einem Tag bin ich mal links entlang gefahren, um zu sehen, was da geht. Vor mir lag zweifellos Shipstern, aber alles, was ich erkennen konnte, waren steile, scharfe Felsen. Ich hatte immer so eine Ahnung, dass da etwas sein müsste – ich wusste nur nicht genau, was. Aber egal. Auch wenn ich da öfters entlanggegangen wäre, hätte ich trotzdem nicht gedacht, dass man da surfen kann.«

»Einige Monate zuvor hatte Rasta mir ein paar krasse Videoaufnahmen gezeigt«, erzählt Kieren. »Wir wussten, dass ein großer Swell in die Richtung unterwegs war. Aber, dass es da so aussehen würde, hätte ich nie gedacht. Wir wären schon fast wieder umgedreht, als wir den Spot von oben aus den Bergen gesehen haben.

AM ENDE DER WELT

Kieren Perrow, Shipstern Bluff *Foto: Sean Davey*

Meine erste Welle war schon echt hart«, sagt Kieren, ein Junge, den sonst eigentlich nichts so schnell aus der Ruhe bringt. »Und da hatte ich das Biest noch gar nicht wirklich kennengelernt. Als plötzlich diese mächtige Stufe in der ersten größeren, die ich nahm, auftauchte, hatte ich keine Ahnung, was ich tun sollte. Unter meinen Füßen passierten echt seltsame Ding, während ich mich darauf konzentrierte, es in die Tube zu schaffen. Ich hatte ein ziemlich kurzes Brett, ein 6.10er. Das half mir immerhin, den Drop von dieser komischen Stufe zu überstehen. Dann baute sich die Welle quasi doppelt hinter mir auf. Sie packte mich einfach ein und fegte mich weg.«

Als die Fotos in den ersten Surfmagazinen abgedruckt wurden, besonders das von Kierens kleinem Bunny Hop, wurde Shipstern zum ultimativen Spot für alle Verrückten, die gerne die neusten, verrücktesten und gefährlichsten Wellen der Welt austesten. Kieren wird dieser Trip ins große Unbekannte am Ende der Welt sicherlich immer in Erinnerung bleiben. »Das war ein echtes Abenteuer für uns alle. Ich werde das niemals vergessen. Die ganze Spannung und natürlich auch die Angst, an so einem mächtigen Spot mitten im Niemandsland zu surfen, das war total aufregend. Ich bin froh, dass wir als Erste da runtergeklettert sind, um diese Erfahrung zu machen. Auch wenn wir erst im Dunkeln wieder oben ankamen und ich mir in den zwei Stunden Marsch diverse blutige Schrammen geholt habe.«

DER UNNAHBARE

Kelly Slater, Kirra *Foto: Nathan Smith*

An diesem Foto gibt es ein paar bemerkenswerte Dinge. Zunächst einmal ist es aus dem Wasser fotografiert, und das in Kirra. Der Pointbreak an der Gold Coast wurde mal als die beste Welle der Welt gehandelt. Für Surfer ist sie folglich ein absoluter Traum, für Wasserfotografen eher ein Albtraum. Vor der Sandbank zieht eine starke Strömung den Strand hinunter. Ein armer, alter Wasserfotograf kann also wie ein Wahnsinniger paddeln und wird trotzdem gnadenlos den Strand runtergetrieben. Dabei wird er dann auch noch regelmäßig auf den Strand gewaschen, bekommt Krämpfe und verliert sein letztes bisschen Motivation spätestens unten in Bilinga. »Es passiert oft, dass du da rausschwimmst und nicht einen Shot bekommst«, berichtet Fotograf Nathan Smith verzweifelt, während er an Hunderte solcher sinnlosen Schwimmausflüge denkt. »Es ist schon verdammt schwer, da draußen überhaupt irgendwen zu finden, geschweige denn, ein gutes Foto zu schießen.«

Die zweite Besonderheit an dem Bild ist sicherlich das Motiv. Wenn man der bekannteste Surfer der Welt ist, hat man sicherlich kaum das Problem, dass die Karriere wegen zu wenig Publicity dahinwelkt. Kelly Slater gibt sich derzeit eher Mühe, der Öffentlichkeit zu entgehen. Kellys guter Freund Michael Peterson, eine Gold-Coast-Legende, hat mal gesagt, dass Slater so gern in der Tube verschwindet, weil er sich hier vor der ganzen Welt verstecken kann. Michael versteckt sich da wohl eher wegen seiner latenten Schizophrenie, Kelly eben wegen seiner ausufernden Berühmtheit.

»Wie wir ja alle wissen, kann es schon mal schwierig sein, sich Kelly zu nähern«, weiß Nathan Smith, den Kellys Sponsoren angeheuert hatten, um dessen Trip an der Gold Coast zu dokumentieren. Letztlich verbrachte er dann die meiste Zeit damit, den Champ überhaupt aufzuspüren. »In der krassen Strömung trieb ich wieder mal von Snapper runter Richtung Kirra, ohne mich auch nur die Bohne um Kelly zu kümmern. Aber das Schicksal war an dem Tag wohl auf meiner Seite. Bei Big Groyne schälte sich grade ein Set rein. Plötzlich sah ich ihn. Er entdeckte mich, nickte mir zu und machte seinen Take-off. Er fuhr auf mich zu. Ich machte eine Sequenz mit fünf Bildern, und schon war er wieder verschwunden. Das waren die einzigen Fotos, die ich an diesem Tag machte. Unmittelbar nachdem er an mir vorbei war, brach sein Board. Es war dann auch das letzte Mal für den Rest des Trips, dass ich ihn sah. Die Tatsache, dass Kelly praktisch die ganze Zeit über abgetaucht war und dass dieser Shot gar nicht besprochen war, macht es fast zu einem Paparazzifoto.«

DIE 1-MILLION-DOLLAR-SANDBANK

South Narrabeen *Foto: Mark Onorati*

»Ist das die nördliche?« »Nee, das ist die südliche.« Mir wurde schnell verziehen, dass ich die Wellen bei Narrabeens verwechselt hatte. An diesem perfekten Wintermorgen hatte sich die südliche Welle von Narrabeen, sonst eher als die hässliche Schwester bekannt, mal richtig ins Zeug gelegt und stand der berühmten nördlichen Welle in nichts nach. »Sieht doch aus wie die nördliche, oder?«, entgegnet Mark Onorati. »Das war letzten Winter. Der beste Winter, den wir je hatten. Die Swells fanden gar kein Ende mehr. Ich schlenderte mit meiner Kamera rum wie Rain Man. Da sah ich plötzlich diese Schönheit mitten in der Bucht. Nur ein Typ war draußen, und der war in der Rechtswelle! Ich verstand überhaupt nicht, warum. Die linke brach die ganze Zeit genauso. Er war der Einzige da draußen, und der Trottel ging in die rechte. Aber da waren eben viele solcher perfekter Tage, ohne dass irgendein guter Surfer in der Nähe war. So verwöhnt waren die schon.«

Die Entstehung dieser unvergleichlichen Sandbank geht – wie sich zeigen sollte – auf die wohl investierten Steuergelder der ortsansässigen Gemeinde zurück. »Letzten Sommer beschloss der Gemeinderat, eine Million Dollar für Sand auszugeben, der im Süden abgeladen wurde, um den Strand wieder aufzufüllen«, erklärte uns Mark. »Ich dachte noch: ›Um Gottes willen, bald werden wir hier die riesigste Sanddüne der Welt haben, sobald der Südswell anrollt. Das wird der größte Fehler, der je gemacht wurde!‹ Damals karrten sie Unmengen Sand von der geschlossenen Nordbucht in die Südbucht. Aber ich lag falsch. Denn als Nächstes rollte ein Ostswell an, fraß sich ins Strandufer und schwemmte all den liebevoll am Strand verteilten Sand raus in die Bucht, wo er sich zu perfekten Sandbänken formte.« Es war wieder einer dieser klassischen Morgen in einer Serie aus klassischen Morgen in einem klassischen Winter. Das Foto schoss ich vom magischen Brunnen auf der Narrabeen Street, dem mit dem silbernen Spritzrohr. Das Modell – der freundliche kleine Vogel – flog wie bestellt in die Mitte meines anvisierten Bildausschnittes und gab dem ganzen Motiv etwas Poetisches, etwas Zeitloses vielleicht. Denn auf dem Bild ist kein Anzeichen menschlicher Zivilisation erkennbar. Kein Telegrafenmast draußen im Norden. Nichts. Schwer vorstellbar, dass dies der urbanste Spot Australiens sein soll, an dem rechts und links – außerhalb des Bildausschnittes – Hochhäuser stehen.«

DIE SCHAUMPARTY

Ronnie Blakey und Mitch Ross, Snapper Rocks

Foto: Andrew Buckley

DIE SCHAUMPARTY

Ronnie Blakey und Mitch Ross, Snapper Rocks *Foto: Andrew Buckley*

An der Queensland Gold Coast ist nicht immer alles golden, was glänzt. Auch wenn der Name einem das weismachen möchte. Wenn das Wetter will, rührt es das glitzernde Gewässer ordentlich durch. Was bleibt, ist eine dicke, braune Suppe.

Zyklonische Winde peitschen die abfließenden Wasserlachen des angeschwollenen Tweed Rivers auf. Der Ozean verwandelt sich in einen Salzwasser-Frappuccino. Die ganze Gold Coast ist dann für Tage unsurfbar. Was die beiden Herren auf den Bildern hier – Ronnie Blakey und Mitch Roos – wenig beeindruckt. Die beiden waren eingeschlossen in der Nähe ihrer Unterkunft bei Rainbow Bay, als sich das Meer in eine Minestrone verwandelte und vom Regen über die Ufer getrieben wurde. Beide stürzten rüber zum Foggies Beach, der sich inzwischen in einen kochenden Hexenkessel voll mit kopfhohem Meeresschaum verwandelt hatte. Scheiß auf die noch unentdeckten Typen E.-Coli-Bakterien. Rein in den Schaum und Konturen reingeschnitzt. Die Fotoserie zeigt, wie sich die beiden im braunen Sumpf, vergleichbar mit Ausstechförmchen beim Backen, verewigt haben.

»Die Gischt war so hoch, dass ich Mitch ein paar Mal aus den Augen verloren habe«, lacht Ronnie. »Es war ganz schön heftig in der Brühe. Der Schaum erstickt einem den Atem. Und alles um dich herum versinkt und wird schwarz. Ist man in der Gischt gefangen, muss man die Luft anhalten und warten, bis die Welle über einen hinweggeschwappt ist und der Schaum sich zurückzieht.« Mit nur ein paar aufgedunsenen Schafskadavern, vorbeidümpelnden Baumstämmen und Kollege Kelly Slater vergnügten sich die beiden wie zehnjährige Kinder im Schaumgetöse.

»Es war verrückt! Ein surreales Erlebnis«, erinnert sich Fotograf Andrew Buckley, der auf die Szenerie aufmerksam wurde, als er – auf bessere Bedingungen wartend – in seinem warmen Hotelbett lungerte. »Wenn diese Schaumwand auf einen zukommt, befielt der Körper, sich gegen sie zu lehnen. Die erste Welle kam, und ich lehnte mich, meiner natürlichen Reaktion folgend, gegen die Schaumwand; so wie ich es mit einer stinknormalen Welle aus Wasser auch getan hätte. Also lehnte ich mich rein und fühlte nichts. Nichts außer Luft. Ich fiel natürlich ordentlich auf die Nase und schrammte mein Knie auf, das sich nach wenigen Tagen in eine einzige entzündete offene Wunde verwandelte. Bei dem undefinierbaren Siff im Wasser kein Wunder!«

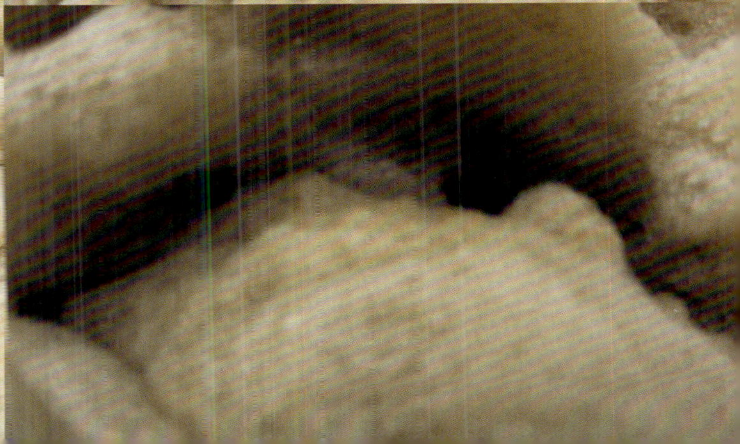

nev

KNAUTSCHZONE

Dave Smith, Bali

Foto: Peter Crawford

Das ist eines der letzten Fotos eines Visionärs in der Geschichte der Surffotografie: Peter Crawford. Als fantastischer Idealist konnte er die Wellen betrachten und dabei Dinge erkennen, die sonst kein anderer Fotograf sehen konnte. Das machte PCs Fotografie so brillant. Nur er konnte darauf kommen, eine Welle »Crumple Car« zu taufen, was so viel wie Knautschzone heißt.

»Hier geht etwas Seltsames vor sich«, schrieb Peter Crawford kurz nach einem Wiedersehen mit besagter Welle. »Es fiel mir schon bei meiner ersten Begegnung mit dieser Welle auf, dass hier ein Schiffswrack auf dem Grund lag. Ich beobachtete eine junge Bande Surfer, die in die malerischen Lineups vor meiner Nase paddelten. Aber mein Blick schweifte hinüber zum alten Wrack, an dessen Rump immer und immer wieder perfekt laufende Righthander abperlten. War das möglich, was ich da sah? Von diesem Augenblick an wollte ich nur noch eines wissen: Wie wäre es, das Wrack der Länge nach abzusurfen? Wie würde sich der Schub der brechenden Welle, entstanden aus einzigartiger Winkelung von Korallenriff und Stahlgerüst, die mit jedem Swell pulsartig neu geladen wurde, anfühlen?«

Im Schutz der Nacht machte sich Peter Crawford mit seinem Motorrad auf, um ungesehen ein paar weitere Aufnahmen des Spots zu machen, ehe er ihn das erste Mal surfen wollte. »Magie lag in der Luft, Hunderte Schwalben flogen über mich hinweg, als die erste Welle des Sets auf die Winkelung traf und schließlich am Schiffswrack zerschellte. Das Weißwasser stob meterhoch in Luft. Die kleinen Tröpfchen des Sprays verwandelten den Himmel in ein Kaleidoskop aus tausend Farben. Kanonengleich schoss das Weißwasser das Schiffswrack entlang und bildete einen wahnsinnigen Kontrast zur perfekt blauen Tube, die in regelmäßigen Abständen das Ocker des Schiffes und die unfassbaren Grüntöne der Algen freilegte und einrahmte.« Er paddelte also raus, murmelte ein tibetisches Sprichwort und schwamm wieder zurück. Von diesem Moment an hieß die Welle »Crumple Car«, benannt nach einem Song aus dem Soundtrack des 70er-Surfmovies »Innermost Limits of Pure Fun«. Wenig später weihte PC Queenslandsurfer Dave Smith in seine geheimnisvolle Mission ein. Für 14 Tage begaben sich die beiden Richtung »Crumple Car«. Smith sollte surfen, Crawford fotografieren.

Nur neun Monate nachdem »Crumple Car« zum ersten Mal gesurft wurde, war das Schiffswrack und somit auch die Welle verschwunden. Genau wie Peter Crawford. Er starb eine Woche vor Beginn des Millenniums. Offiziell am Biss einer grünen Viper. Einigen allerdings schien es, als hätte der ebenso schillernde wie rätselhafte PC nur seinen sterblichen Körper abgelegt, um seine große Suche nach perfekten Wellen in einem grenzenlosen Streifzug fortzusetzen.

ÜBER BORD

Lance's Right, Mentawai-Inseln *Foto: Andrew Buckley*

Besser als der tatsächliche Moment, besser als die Erinnerung ist immer die Vorfreude ...

»Was ich an diesem Foto wirklich liebe«, holt Fotograf Andrew Buckley aus, »ist, dass es genau das zeigt, wovon man in voller Erwartung träumt, wenn man sein Brett vom Dach holt und ordentlich wachst. Was glaubst du, wie schnell du deinen Kram fertig hast und du deinen Hintern ins Wasser schwingst, wenn du das hier siehst?« Schneller als der Blitz. Nach der nächtlichen Überfahrt von Padang über die Straße von Sumatra ist Lance's Right meistens der erste Anlaufpunkt für Charterboote auf den Mentawais. Jungs, die schon vor Monaten ihren Bootstrip gebucht und genau von diesem Moment geträumt haben, warten nicht mal ab, bis der Kahn stoppt und Anker wirft. Sie springen einfach über Bord und paddeln im Sprinttempo in dieses traumhafte Lineup, das nicht länger nur ein Traum ist.

»Da waren erst drei Surfer im Wasser, als wir ankamen«, erinnert sich Buckley an die wunderbare Szenerie. »Es war schon spät in der Saison, und es war in dem Jahr sowieso relativ ruhig auf den Mentawais. Es waren nicht allzu viele Boote unterwegs.« Puh, viel besser kann man es also kaum erwischen! »Als wir schließlich rauspaddelten, waren auch die drei anderen Jungs verschwunden! Es war kein Mensch mehr im Wasser. Überhaupt keiner. Als ich das Foto schoss, war es schon später Vormittag, und wir waren immer noch das einzige Boot da draußen. Das kommt in Lance's extrem selten vor. Ich fahr da zur Hochsaison, wenn acht oder mehr Boote im Channel dümpeln, sehr ungern hin. An manchen Tagen sind da mehr als 80 Surfer draußen, und viele surfen einfach den ganzen Tag. Meistens haben die Jungs ihren Jahresurlaub und bleiben so lange draußen, wie es irgend geht. Ich hab keine Ahnung, wer der Bursche auf dem Bild ist, aber er ist definitiv ein verdammt glücklicher Bastard!«

BIG BROTHER

Justen »Jughead« Allport

Foto: Russell Ord

Aus dem Club der Big-Wave-Surfer sticht er schon deutlich heraus. Während viele Big Waver heutzutage hoch gesponserte Vollprofis sind, die rund um die Uhr für den einen Tag trainieren, ist »Jug« von Beruf Feuerwehrmann und außerdem dreifacher Vater. Seine haarsträubenden Missionen zu einer illustren Auswahl todbringender Riffe überall auf der Welt finden fast überfallartig statt. Immer zwischen Schichten bei der Feuerwehr oder anderen alltäglichen Dingen. Er ist dafür bekannt, dass er schon mal 15 Stunden Autofahrt nach Victoria für eine einzige Session in Kauf nimmt, sich danach wieder ins Auto setzt und zurückfährt. Er ist schon zweimal in den kalten Norden von Kalifornien gereist. Beim ersten Mal hat er sich direkt bei der ersten Session in Ghost Tree das Bein gebrochen. Beim zweiten Mal schnappte er sich ein 30-Fuß-Clean-up-Set vor Mavericks. Der Junge liebt einfach heftige Wellen. Das sieht man auch hier, 20 Kilometer vor der einsamen Küste im südwestlichen Australien. Er würde auch direkt noch ein Stück hinter Cyclops rausgehen, bekanntlich die gefährlichste Welle Australiens, in der Hoffnung, hier den großen Bruder von Cyclops aufzuspüren.

»Russ und ich standen in engem Kontakt, um einen guten Zeitpunkt für einen Trip nach Cyclops zu erwischen«, berichtet Jughead in seinem typischen hyänenähnlichen Slang. »Es war an einem Sonntagnachmittag, als ich grade mit meiner Frau und meinen Kindern ein Rugbyspiel ansah. Da rief er mich an und meinte: ›Es geht los!‹ Ich sagte: ›Ich glaub kaum, dass ich das hinbekomme.‹ Ist es die Familie oder die Arbeit oder geht's hier um Kohle? Russ ist Feuerwehrmann wie ich, und er fuhr fort: ›Wenn's um die Arbeit geht, tausch einfach deinen Dienst, wenn's um die Familie geht, kann ich's natürlich verstehen, und wenn's um das Geld geht, kümmere ich mich.‹ Ich antwortete: ›Komm, Junge, das geht nicht. So gern ich da auch surfen würde, aber ich lass dich doch nicht dafür bezahlen.‹ Abends checkte ich meine Mails und fand doch tatsächlich einen fertigen Reiseplan vor. ›Verdammt‹, dachte ich. ›Der will wirklich, dass ich mitkomme.‹ Den Plan hatte ich um neun Uhr abends bekommen, und morgens um sechs sollte schon der Flug ab Sydney gehen. Am Sonntagabend um neun Uhr musste ich also meinen Boss anrufen und jemanden finden, der meine Schicht übernehmen konnte. Mein Boss fand es zum Glück cool. Er liebt es, wenn ich auf solche Trips gehe und ihm hinterher die

BIG BROTHER

Justen »Jughead« Allport

Foto: Russell Ord

Geschichten erzähle. Er kennt sonst niemanden, der Cyclops surft, und deswegen habe ich bei ihm einen echten Stein im Brett.

Ich flog mit meinem Freund Brett Bircher. Wir packten unseren Kram zusammen und verließen Perth gegen sechs Uhr. Für diese Mission mussten wir ein gutes Auto und ein Boot mitnehmen. Die Fahrt bis Cyclops dauert bestimmt zehn Stunden mit dem Auto. Ich Trottel tankte versehentlich 30 Liter Benzin in unseren Diesel. Der Knabe an der Tankstelle meinte, dass wir es absaugen müssten. Aber wir hatten kaum Geld in der Tasche, und so kippte ich einfach noch mal 40 Liter Diesel oben drauf. Eine gute Mischung. Aber nach ein paar Stunden Fahrt war die super Mischung leider aufgebraucht, und wir blieben einfach stehen. Wir standen also am Straßenrand mitten im Nirgendwo. Kein Geräusch, keine Autos und stockduster. Weit und breit kein Telefon. Wir waren so verzweifelt, dass wir sogar versuchten, mit dem Funkgerät im Boot irgendwelche Trucker um Hilfe zu bitten, obwohl wir nicht mal wussten, wo wir waren.

Nachdem wir uns endlich etwas Sprit von einem Trucker leihen konnten, waren wir schließlich um ein Uhr am nächsten Tag vor Ort. Als wir an der Welle ankamen, war es schon drei Uhr. Wir hatten also noch knapp eine Stunde zum Surfen. Jedes Foto, welches ich bislang von dieser Welle gesehen hatte, sah absolut perfekt aus. Aber der einzige Typ, der das Monster bis dahin geritten hatte, war ein Boogieboarder, und der musste danach mit 50 Stichen im Gesicht und weiteren 50 am Arm wieder zusammengenäht werden. Es hätte ihm beinahe den Arm und den kompletten Kiefer abgerissen. Seitdem hatte sich niemand mehr in diese Welle getraut. Als wir ankamen, sah es ziemlich hart aus. Es war einfach total krass. Sie brach ähnlich wie Cyclops weit unterm Meeresspiegel. Keiner wollte sich das so richtig geben. Wir sahen uns alle fassungslos an. Schließlich meinte ich zu Brett: ›Mann, jetzt haben wir ewig gebraucht, um hierher zu kommen. Lass uns raus und zumindest eine nehmen.‹ ›Kein Problem‹, meinte er, ›solange du die erste nimmst.‹ Wir waren uns eigentlich nicht mal sicher, ob das Ding überhaupt reitbar war.

Schon meine erste Welle brach so weit unterhalb des Meeresspiegels, dass ich mir wie in einem Glasbodenboot vorkam. Ich hoffte einfach nur, lebend rauszukommen. Ich fühlte mich, als würde ich über 100 Stundenkilometer schnell sein und gleichzeitig still stehen. Der ultimative Thrill.

Die dritte, die ich nahm, war dann diese wirklich große. Es war ein echter Last-Minute-Take-off. Brett drehte den Jetski wie auf einem 20-Cent-Stück, um mich reinzuziehen. Ich war schon den halben Weg den Hang runter, als an Rausgehen definitiv nicht mehr zu denken war, da bemerkte ich, dass ich in einer Linkswelle war und leider in die falsche Richtung fuhr. Den ganzen Tag über brachen genau drei Linkswellen. Und ich musste ausgerechnet in eine davon droppen. Ich dachte schon, ich könnte es schaffen, weil sie sehr lange offen war. Da bäumte sie sich zu diesem Monster auf. Ich wollte einfach gerade rausschießen, aber da sah ich diese verdammten Steine genau vor mir, die fast drei Fuß aus dem Ozean aufragten. Als sie über mir zusammenfiel, saugte es mich sofort nach hinten. Erstaunlicherweise war's dann aber gar nicht so hart.

Meinen miesesten Wipeout an diesem Tag hatte ich ein paar Wellen später. Ich ging direkt over the falls und knallte auf den Felsen, bevor ich ins tiefere Wasser gespült wurde. Ich kam prustend wieder hoch und dachte nur: ›Ein Glück, es ist vorbei.‹ Ich nahm einen tiefen Atemzug, da packte mich der mächtige Backwash und schob mich ausgerechnet wieder genau vor die Felsen. Genau in dem Moment kam ein neues Set und schleuderte mich wieder auf die Felsen. Zum Glück wurde ich dieses Mal aber seitlich rausgespült. So kurz vorm Ertrinken war ich noch nie. Ich hatte zehn Löcher in meinem Neo und mein Hände waren von Kratzern übersät. Brett zog mich zurück auf den Ski und ich sagte nur: ›Okay Junge, jetzt bist du dran!‹«

Für Dean Morrison können es nie genug Wellen sein. Deano ist ein Knabe, der Surfen einfach bedingungslos liebt. Aber er ist auch ein Junge, der die Uhr ticken hört. Der Surfer aus Coolangatta weiß, dass die Wellen selbst ein praktisch unbegrenztes Gut sind. Die Tage, an denen er sie surfen kann, aber nicht. Während seine Lebenszeit also langsam dahinschwindet, surft Deano seine Wellen mit fast manischer Energie. »Ich weiß, dass ich nicht ewig dafür bezahlt werde, durch die Gegend zu reisen und zu surfen«, erzählt Deano, »deswegen denke ich, dass ich alles rausholen muss, solange ich das noch darf.«

An diesem Morgen paddelt er in eine cleane Rechtswelle auf den Mentawais raus und haut sofort die fettesten Airs raus. Einen nach dem anderen. Einige steht er, die meisten nicht. So geht es den ganzen Tag. Das war wahrscheinlich die zielstrebigste Surf-Demonstration, die ich je gesehen habe. »Ich nehme mir einfach irgendetwas vor, was ich schaffen will, und das nimmt mich dann voll ein«, sagt Deano später mit einem Lachen.

Währenddessen paddeln seine Freunde Joel Parkinson und Mick Fanning ein Stück oberhalb raus und surfen eine kleine hohl brechende Tube. Aber Deano, eigentlich als wahrer Tubejunkie bekannt, bleibt einfach in seiner dicken Rechten und haut einen Air nach dem nächsten raus. »Hier oben brechen perfekte Tubes, und er bleibt den ganzen Tag in dieser miesen Rechten«, wundert sich Joel Parkinson. »Ich hab's noch niemals erlebt, dass Deano sich so schnell in eine Welle verliebt hat.«

Am nächsten Tag schipperten wir an einige neu entdeckte Atolle und stolperten über einen guten Righthander, der 200 bis 300 Meter über ein Riff brach. Alle surften die Welle bis zum Mittagessen und entspannten sich dann für den Rest des Tages. Alle außer Deano. Er blieb die ganze Zeit alleine draußen. Auch in der härtesten Mittagshitze bis zum späten Nachmittag. Später am Abend schauten wir uns das Video von Deanos Session an: »73 verdammte Wellen in vier Stunden!«, rief Parko, als das Tape zu Ende war. »Das ist eine Welle alle drei Minuten!«

Als wir uns Deanos Show am Nachmittag ansahen, fragten wir uns, was der Kerl wohl tun könnte, wenn er nicht surfen würde. Eine Antwort fand keiner von uns.

OWLS NEUNSECHSER

Kalani Chapman, Pipeline *Foto: Andrew Buckley*

»Es ist schon merkwürdig, aber irgendwie war mir bei dem Board etwas mulmig zumute. Ich wusste schon, wenn ich damit surfe, könnte ich die größte und heftigste Welle meines Lebens reiten. Wenn man sich darüber bewusst wird, macht man sich schon seine Gedanken. Und genauso war es.«

Als der hawaiische Surfer Kalani Chapman das Board von seinem Onkel »Owl« bekam, das er auf diesem Foto reitet, wusste er zunächst nicht, was er damit anfangen sollte. Mit neun Fuß und sechs Inch war das Brett gute zwei Fuß länger als die Boards, die Kalani normalerweise an großen Pipelinetagen reitet. Außerdem hatte es nur eine Finne. Ein Brett, das Pipeline seit mindestens 30 Jahren nicht mehr gesehen hatte. Kalani nahm an, dass sein Onkel eine Art Flashback in seiner Shapewerkstatt hatte und eher ein Board für Waimea oder 1975 gebaut hatte.

»Ich sagte meinem Onkel: ›Ich dachte, es wäre ein Board für Pipe?‹« Und sehr bedacht antwortete Owl Chapman: »Klar, das ist für Pipe. Da sollst du es reiten.«

Kalani zählt zu den neuen Helden in Pipeline. Eine Rolle, die sein exzentrischer Onkel in den 1970er-Jahren spielte. Heute ist Owl, der in Wirklichkeit Craig heißt, nicht mehr sehr oft im Lineup zu finden. Er hat sich einen Namen als hervorragender Shaper gemacht. Im Winter sitzt er oft in seinem Auto am Sunset Beach, schaut gelassen aufs Wasser und sinniert über die Zukunft des Surfens, wie es nur ein Mann von Owls Kaliber tun kann.

Kalani paddelte an diesem besonderen Morgen in Pipeline etwas unsicher raus. Er war sich nicht klar darüber, ob ihm Owls neue Kreation den Ritt seines Lebens bescheren oder ihn doch eher ins Jenseits befördern würde. »Vor der Welle auf dem Foto hatte ich schon ein paar genommen«, erinnert sich Kalani, »einige echt dicke Schaumwalzen. Dann paddelte ich raus zwischen das erste und zweite Riff. Ich hoffte, einem Waschgang durch ein größeres Set zu entgehen. Da tauchte plötzlich diese Walze auf, und ich war völlig alleine. Sobald ich auf den Füßen stand, fühlte sich alles richtig an. Ich schaute nicht mal auf die Wellenschulter und dachte an gar nichts. Ich wusste in diesem Moment, dass das Board genau das Richtige tun würde.«

MAYDAY

Andi Irons, Teahupoo *Foto: Peter »Joli« Wilson*

Als Brock Little und Shane Dorian morgens um sieben an diesem berüchtigten 1. Mai ihren Jetski ins Lineup von Teahupoo steuerten, spürten sie dieses tiefe Grollen aus südlicher Richtung. »Shane sah mich verstört an und meinte nur: ›Weißt du was? Ich hab Schiss!‹«, erinnert sich Brock. »Und ich antwortete ihm: ›Was meinst du, was ich habe? Und ich fahre nur den Ski!‹« Es sah genauso aus, wie Brock es später beschrieb: »Das waren spuckende Monster. Dazu regnerisch, dunkle Wolken ... einfach brutal.«

»Das waren zwei Tage, die den Surfsport für immer verändert haben«, so beschreibt Fotograf Peter »Joli« Wilson die Begebenheiten am 1. und 2. Mai 2005 in Teahupoo. Ein erwarteter 20-Fuß-Swell aus Südwest fiel zusammen mit der Ankunft der gesamten weltweiten Surfprominenz, die sich für den drei Tage später startenden alljährlichen Tourevent auf Tahiti einfand. Es war einfach jeder vor Ort: die Surfer der Pro Tour, die Big-Wave-Profis und die Tahitianer. Es sollten bedeutende Tage werden. Und das Ganze sollte aus allen Winkeln abgelichtet und fast in Echtzeit dem hungrigen Surfpublikum weltweit präsentiert werden.

Die Surfer, die am Vorabend vom Flughafen in Papeete mit dem Auto anreisten, bekamen an der Küstenstraße das Spritzwasser des anstürmenden Swells auf die Scheiben. »Wir fuhren am nächsten Morgen schon um 6.30 Uhr raus. Es war immer noch sehr diesig und bewölkt«, erzählt Joli. »Man hatte keine Ahnung, auf was man sich da einließ. Als wir rausfuhren, war die Sonne noch nicht mal hinter den Bergen herausgekommen. Alles sah total milchig aus. Wir sahen in der Ferne einige Wellen brechen, aber man konnte nicht einschätzen, wie groß die waren. Schließlich kamen wir mit dem Local George Riou im Channel an und er sagte: ›Die Boje da vorn liegt in 30 Meter tiefem Wasser.‹ Die Wellen brachen fast auf diese Boje! Obwohl noch niemand draußen war, wussten wir, dass es riesig war. Es war diese ganz besondere Stimmung in der Luft. Es war klar, dass etwas Gewaltiges passieren würde.«

Am ersten Tag konnte man nur Towsurfen. Es knallten mächtige Bomben auf das flache Riff. Andi Irons, der in der Nacht von Hawaii angereist war, schaute sich die Sache erst mal vorsichtig mit seinem Freund Kai Garcia vom Jetski aus an. Schließlich ließ Kai Andi vom Jetski steigen. Andi hatte offensichtlich genug

MAYDAY

Andi Irons, Teahupoo

Foto: Peter »Joli« Wilson

gesehen und wollte sich jetzt als Erster in diese Wellen ziehen lassen. »Es war der absolute Wahnsinn«, sagte der Hawaiianer später, zu der Zeit der amtierende Weltmeister. »Es war eine beeindruckende Erfahrung. Die Wellen waren nicht perfekt, nicht superglatt. Aber sie waren einfach gewaltig und riesig.«

Der zweite Tag empfing uns mit einem gnädigen Offshore-Wind, und auch der monströse Swell war jetzt etwas moderater und geordneter. Statt der furchteinflößenden Monster des Vortags fanden wir jetzt perfekte 12-Fuß-Wellen vor. Sie waren so vollkommen wie ein mundgeblasenes Glas. Jetzt kamen auch alle wesentlich besser mit den Bedingungen klar. Die eine Hälfte der Jungs paddelte in die Wellen. Die anderen ließen sich auf ihren normalen Boards reinziehen. Ein normales Board ist leichter und langsamer als ein Towboard und erlaubt es dem Surfer, noch tiefer in die Tube zu kommen.

Und obwohl die meisten an diesem Tag schon den Ritt ihres Lebens hatten, war es der Hawaiianer Shane Dorian, der allen die Show stahl. Vor den Linsen sämtlicher Surfpaparazzi drehte Shane richtig auf. Er ritt die Teile 50 Meter weiter drin als alle anderen, und das ohne Towbrett oder Pop-up-Weste. Er ließ sich in die heftigste Welle des Tages ziehen, obwohl Big-Wave-Ikone Brock Little ihm riet, das nicht zu tun. Man könnte das ja fast unvorsichtig nennen, wenn Shane auf der Welle nicht so verdammt entspannt ausgesehen hätte.

»Das ist einfach der maximale Kick«, sagte ein total aufgewühlter Dorian später. »Anfangs gehst du in ein paar kleinere und dann schnappst du dir die richtigen Biester. Du läufst langsam heiß, wie Michael Jordan in seinen besten Tagen. Immer wenn er den Ball bekam, machte er einen Reverse Dunk oder einen Dreipunktewurf. Einfach den Ball greifen und punkten! Du siehst da draußen Jungs wie Raimana (Van Bastolaer) oder Manoa (Drollet). Die starten auch mit ein paar kleineren und tasten sich langsam ran. Sobald sie ein paar haben, fühlen sie sich fast unbesiegbar und lassen sich in alles ziehen. Dann macht es einfach gar nichts mehr aus, welche Welle du dir greifst. Du weißt einfach, dass du sie bezwingen wirst.«

»Es war seltsam«, berichtet Shane, gefragt nach dem Blick aus der Tube an diesem Tag. »Du schaust einfach nur geradeaus, und wenn es richtig groß ist, siehst du, wie alle Boote im Channel Vollgas geben, um rüberzukommen. Du konzentrierst dich darauf, nicht zu stürzen, aber trotzdem nimmst du all diese dramatischen Dinge um dich rum wahr. Ich steh einfach total drauf, wie sich das anfühlt und wie es sich anhört. Wenn eine 20-Fuß-Lippe in Teahupoo einschlägt, ist das wie ein Blitzeinschlag.«

»Shane ging richtig ab«, berichtet Joli, »bis er einen heftigen Sturz hatte und sich die Leash um seinen Hals legte und ihn unter Wasser strangulierte. Er hatte rund um den Hals Würgemale. Auch Bruce (Irons) ging mächtig ab, bis auch er einen krassen Abgang hinlegte. Danach war er völlig neben der Spur. Er kam aus dem Wasser und hing den restlichen Tag auf dem Boot rum. Der Unterschied zwischen den Jungs von Tahiti und Hawaii und allen anderen Surfern ist, dass sie in Wellen groß geworden sind, die absolut furchteinflößend sind. Das beeinflusst die Art des Surfens. Sie haben einen ganz entspannten Auftritt in Wellen, in denen es um Leben und Tod geht.

UNSERE WELLE!

Ours, Sydney *Foto: Andrew Buckley*

Sie nennen die Welle zwar »Ours«, also »Unsere«, aber es gibt durchaus Tage, an denen auch die Crew aus Maroubra froh ist, den Spot von den sicheren Felsen aus zu beobachten.

»Es ist eigentlich erstaunlich, dass sich noch nie jemand da draußen verletzt hat, so krass wie es hier ist ... zumindest nicht ernsthaft«, erklärt Koby Abberton, ein Knabe, der schon viel Haut an den scharfen Felsen gelassen hat, seit der Spot vor etwa fünf Jahren entdeckt wurde. »Ich habe hier schon so manche Wunde bekommen. Eigentlich gibt's nach fast jeder Session ein paar Stiche im Krankenhaus.«

Bei diesem völlig chaotischen Zehn-Fuß-Swell aus Süd war es wenig erstaunlich, dass an diesem Morgen keiner draußen war. Aber genau das, was diesen Spot so gefährlich macht, macht ihn auch zu so einem spektakulären Platz für Zuschauer. »Wenn du auf den Felsen stehst, fühlt sich das fast so an, als würdest du dich direkt im Lineup befinden«, meint Koby. »Sobald du rauspaddelst, fangen alle Jungs auf den Felsen wie wild an zu grölen.«

»Ich hatte schon einige unangenehme Erfahrungen an dem Spot«, erinnert sich Koby, der auch die entsprechenden Narben hat, um das zu beweisen. »Ich kann mich an einen Tag erinnern, an dem ich übel eingepackt wurde und genau vor den Felsen wieder auftauchte. Ich starrte auf die Steine und wusste, dass da noch eine große Welle hinter mir anrollte. Ich dachte, dass ich genau auf den Fels prallen würde. Stattdessen zog mich die Welle unter Wasser und drückte mich in eine Höhle, die genau unter dem Felsen ist. ›Verdammt‹, dachte ich, ›ich werde jetzt und hier ertrinken. Da sind noch einige fette Wellen in dem Set, die mich hier unten halten werden.‹ Aber zum Glück entwickelte das Wasser einen starken Sog, als es zurückfloss, und schob mich wieder in den Channel. Eines Tages wird da aber einer sterben, ganz sicher. So, wie es da aussieht und wie alle den Spot surfen, ist es klar, dass das irgendwann passiert. Man wartet geradezu darauf. Der Spot steht irgendwie unter keinem guten Stern.«

DAS PHANTOM

Tom Curren, Backdoor *Foto: Sean Davey*

»Tom Curren ist genauso, wie man ihn sich vorstellt«, verrät Sean Davey, ein Fotograf, der genug Surftrips mit dem Kalifornier gemacht hat, um ihn gut zu kennen. »Er ist ein ganz ruhiger Zeitgenosse, keine Spur von Arroganz.«

Wie die meisten Menschen, die Zeit mit dem so schwer zu durchschauenden dreifachen Weltmeister verbracht haben, hat auch Davey einige wunderbare Momente mit ihm erlebt. »Es war cool, als wir gemeinsam durch Tasmanien gereist sind. Der Großteil der Crew fuhr in einem großen Van, aber wir hatten zu dritt einen Geländewagen. Tom kam in den Genuss, die ganze Rückbank für sich alleine zu haben. Er fiedelte die ganze Zeit auf seiner Gitarre, während wir durch die tasmanische Wildnis schossen. Ich hätte mir nichts Schöneres vorstellen können.«

Den vielleicht begabtesten Surfer aller Zeiten umgeben viele Geheimnisse und Rätsel. Ich erinnere mich an seine unfassbare Rückkehr auf den Contest-Thron. Nachdem er sich das ganze Jahr durch die Trials geackert hatte, holte er sich 1990 nach Jahren der Abstinenz seinen dritten Weltmeistertitel. Unmittelbar danach zog er sich wieder zurück von der Contest-Bühne und ging einer eher ungewissen Zukunft entgegen. In den Jahren danach zog er seine Kinder groß, widmete sich der Musik, reiste und surfte viel. Er schaffte es irgendwie immer, sein Leben so zu leben, wie er es sich immer gewünscht hatte. Was sich niemals geändert hat, war sein unverwechselbarer Style auf dem Wasser. Man muss sich einfach nur ansehen, wie er die Welle fast tätschelt mit seinen Fingerspitzen. Als würde er sich ein paar Tropfen mitnehmen wollen. Kein Wunder, dass sein Style immer noch von vielen bewundert wird.

An dem Tag waren sicherlich noch 50 andere Surfer auf dem Wasser und noch mindestens 20 weitere Fotografen. Und jetzt zählt mal die Jungs auf diesem Bild. Ein Surfer wie Tom Curren schafft es eben auch an einem total überfüllten Tag an der North Shore, seinen ganz persönlichen Soulmoment zu finden.

LUXUSURLAUB

Kieren Perrow, Monuments
Foto: Jon Frank

LUXUSURLAUB

Kieren Perrow, Monuments

Foto: Jon Frank

»Das war der beste Trip, auf dem ich jemals war«, meint Kieren Perrow. Dieser Ansicht war er vermutlich spätestens, nachdem er glücklich aus der herrlichen Tube auf der Vorseite geschossen kam. »Ein wunderschöner und noch sehr unberührter Teil von Australien. Da kommst du unwillkürlich zurück zum Wesentlichen. Noch dazu, weil die Wellen super sind. Einfach ein bisschen angeln, surfen und campen, nur du und deine Freunde. Mehr geht nicht!«

»Du fährst raus in die Wüste und pennst im Zelt. Das sind zwei Survivalwochen«, erklärt Fotograf Jon Frank. »Es ist schon recht wild, aber der beste Trip, den du haben kannst. Ich liebe solche Reisen. Wenn du mit einer coolen Crew unterwegs bist und die Wellen passen, kannst du da nichts falsch machen.«

Die Weite der australischen Küste, weit weg von jeglicher Zivilisation, ist schon seit mehr als zehn Jahren ein willkommener Rückzugsort für Reisende und Prosurfer. Wegen der fantastischen Natur und natürlich auch wegen der exzellenten Wellen. Der durchschnittliche Prosurfer verbringt die meiste Zeit des Jahres in beengten Hotelzimmern. Da sind zwei Wochen Dirtroads, Camping und stürmisches Wetter genau die richtige Abwechslung.

»Ich denke, die Jungs mögen solche Reisen mehr als alles andere«, meint Frank. »Bei ihren engen Terminkalendern verbringen sie viel Zeit in irgendwelchen Viersternehotels. Sie schaffen es einfach neben ihrem Job kaum, die Orte zu erkunden, wie sie es gerne würden. Sie haben zwar Luxus um sich herum, aber ihnen fehlt ein entscheidender Luxus, die Zeit. Auf einem Trip wie diesem hingegen, tauchst du komplett in deine Umwelt ein. Man hat davon einfach mehr als von einem normalen Hotelurlaub.« In dem Gebiet gibt es zwei sehr gute Linkswellen. Außerdem eine perfekte Rechtswelle, Monuments, die man auf diesem Foto sieht. Wer die Rechtswelle surfen will, muss aber bereit sein, einen hohen Preis zu zahlen.

»Es hängt ganz vom Swell ab«, erklärt Kieren. »Eine Welle kann völlig closeout brechen. Die nächste kann perfekt laufen, aber am Ende dann auch zusammenfallen. Der steile Take-off macht schon mächtig Spaß, dann gibt's eine echte Speedsection, und am Ende musst du sehen, dass du schnell oben rauskommst, bevor das Riff vor dir trocken liegt. Es macht nämlich wenig Spaß, da raufgewaschen zu werden, bei all den Seeigeln.«

»Die Welle ist krass«, fasst es Frank zusammen. »Eine Traumwelle für jeden Fotografen. Sie bricht sehr schnell und schlägt geradezu ein. Sie ist nicht ganz leicht zu surfen, aber wenn du jemanden wie Kieren Perrow mit auf dem Trip hast, brauchst du dir keine Sorgen zu machen. Du solltest hier keine Anfänger mit hinnehmen oder jemanden, der Schiss hat, auf die Felsen zu gehen. Aber bei Kieren gibt's solche Probleme nicht. Ich war echt froh, dass er mit war. Das Motiv ist fantastisch. Das Meer ist hier absolut lebendig.

»Am Tag, als wir aufbrechen mussten, feuerte die Welle immer noch mit acht Fuß aufs Riff, aber leider mussten die Jungs zurück, um bei einem Contest zu starten«, berichtet Frank. »Kieren hat fast geweint, wirklich geweint! Er drückte sein Gesicht frustriert gegen die Autoscheibe, als wir abfuhren.«

CAPTAIN MOONLIGHT

Mick Fanning, Indonesien *Foto: Jon Frank*

»Es fühlte sich total merkwürdig an«, erinnert sich Mick Fanning an jenen Morgen, den man auf diesem Foto sieht. Das Tageslicht schimmerte gerade eben leicht rosa durch, als Mick rauspaddelte.

Es war der letzte Tag eines Bootstrips zu einer selbst für indonesische Verhältnisse einsamen Inselkette. In den Tagen zuvor hatte es keine Wellen gegeben, und so hatten sich die Jungs statt mit Surfen eher mit der Kühlbox unseres Charterboots MANGALUI NDULU beschäftigt. Die Bemühungen der Crew, sich den Swell herbeizutrinken, hatte scheinbar Wirkung gezeigt. Der Swell kam von weit her. Fast 5000 Kilometer vom Kap der Guten Hoffnung und war entsprechend druckvoll. Aber da unser Flug mit White Knuckle Airlines schon um zwei Uhr am nächsten Nachmittag von einem Flugfeld direkt um die Ecke abheben sollte, war es fraglich, ob uns der Swell rechtzeitig erreichen würde. Wenn ja, würde es eh eine ganz schnelle, heftige Session werden.

Wir standen schon morgens um fünf auf. Eine Stunde, bevor der lokale Passat aufkam und die Wellen surfbar machte. Wir packten unser Speedboot schon jetzt voll mit Boards und rasten durch einen kleinen Channel, den nur unser Skipper kannte. Wir fuhren in diese Bucht, in der wir diese Rechtswelle erhofften. Durch die Mischung aus fahlem Mondschein, der ruhigen Morgenluft und dem nebligen Dunst über dem anliegenden Fischerdorf wirkte das Ganze wie von einer anderen Welt. Der Motor unseres Bootes röhrte noch, als Mick schon über die Bordwand ins Wasser sprang. Durch seinen eher blassen Hauttyp wirkte Mick wie ein Geist, als er langsam rauspaddelte.

Er erreichte die Take-off-Zone, setzte sich auf sein Brett und wartete. Auch wir warteten gespannt. Nervös und ungeduldig suchten wir die Dunkelheit des Ozeans nach irgendwelchen Lebenszeichen ab. Aber bevor wir etwas sahen, hörten wir es. Von oberhalb des Riffs konnten wir ein dunkles Rumoren ausmachen, und Sekunden später sah man eine dünne weiße Linie näher kommen. Die ersten Wellen brachen über dem Riff und Mick Fanning war drauf. Im fahlen Licht fotografierte Jon Frank diesen Shot, kurz bevor Mick für 50 Meter hinter dem Vorhang der einschlagenden Lippe verschwand. Binnen Sekunden war unser Boot leer und das Lineup voll. Die nächsten sechs Stunden zeigten, dass sich das ganze Warten gelohnt hatte.

DIE STEINFISCHSEUCHE

Evan Valiere, Tahiti

Foto: Peter »Joli« Wilson

»Ich kann nur raten, niemals auf einen draufzutreten.« Nicht nur das Riff von Teahupoo kann einen völlig fertig machen, auch die kleinen, miesen Critters, die da wohnen.

»Ich kenne einige Burschen, die schon auf Steinfische getreten sind, meistens da, wo die Boote und Jetskis raus zum Break starten«, erzählt Fotograf Peter Wilson. »Die eingesessenen Tahitianer tragen immer Booties oder Schuhe, wenn sie im flachen Wasser rumlaufen. Die sind sich der Gefahr eben bewusst. Im schwarzen Sand sind die Viecher fast unsichtbar. Hinter Papa Tevas Herberge muss man schon sehr vorsichtig sein, wo man auf dem Weg zur BATHTUB hintritt, dem kleinen Boot, das die Jungs von der Lagune zum Spot schippert. Auch wenn's nur knapp 50 Meter sind, brauchen die Surfer bei Ebbe fast 10 Minuten, um zum Boot zu gelangen. Sie achten ganz genau darauf, wo sie hintreten. Sie wollen eben nicht auf diese kleinen, stacheligen Minen latschen. Keine Ahnung, was gefährlicher ist: der Marsch raus zum Boot oder die Fahrt zum Break in dieser völlig überfüllten Nussschale.

»Papa Tevas ist eine bekannte kleine Unterkunft. Ich glaube, in diesem Jahr wohnten da zeitweise 16 Typen, von denen 13 den Contest surften. Da waren Australier, Südafrikaner, Amerikaner. Eine sehr coole Mischung. Es ist da immer sehr entspannt. Die Jungs sind nicht sehr egoistisch, und es herrscht eine große Kameradschaft. In der Hütte wohnen auch immer mal wieder Surfer, die beim Contest abräumen, zum Beispiel die Hobgood-Brüder oder Bobby Martinez *(alles Jungs, die den Contest in der Vergangenheit gewonnen haben).«*

»Wenn's regnet, gibt's da schon mal Kartenspiele, die zwei Tage dauern, und es kann auch mal etwas stressig mit so vielen Männern auf engstem Raum werden. In einem Jahr verlor der Kameramann Brook Silvester eine Wette und musste zehn Runden durch die Lagune vor Papa Tevas Hütte schwimmen, mit 20 Baguettes, die man ihm umgeschnallt hatte. Da schwammen dicke 20-Pfünder drin rum, und Papa Teva hatte sie extra zwei Tage nicht gefüttert, weil er wusste, dass Brook hier baden gehen musste. Die waren echt hungrig und aggressiv. Da brachte es auch wenig, dass Mick Lowe einen Eimer mit Lachs rauskippte und versuchte, die Biester abzulenken, kurz bevor Brook reinsprang. Die verdammten Makrelen hätten ihn beinahe lebendig aufgefressen. Da kann man sich natürlich schon eher mit den Steinfischen anlegen.«

DER FLIEGENDE FISCH

Raimana Van Bastolaer, Teahupoo

Foto: Peter »Joli« Wilson

DER FLIEGENDE FISCH

Raimana Van Bastolaer, Teahupoo

Foto: Peter »Joli« Wilson

»Ich sah das Ding nur im Augenwinkel. Ich hatte erst keine Ahnung, was das sein konnte ... vielleicht einfach ein fetter Fisch?«

Das instinktive Einziehen des Kopfes, ob nun um diesem 250-PS-Fisch zu entgehen oder in die Tube zu starten, hat Raimana Van Bastolaer zweifellos vor einer hässlichen öffentlichen Enthauptung bewahrt. »Das war mit Abstand das Krasseste, was ich je gesehen habe«, sagte Andi Irons, der die ganze Szene von einem Boot im Channel aus sah. »Mein guter Freund Reef fuhr den Ski, und als er fast in die Welle fiel, sprang er ab und der Jet schoss genau auf Raimanas Kopf zu. Er wurde quasi von seinem eigenen Jetski gebarrelt. Das Teil flog nur Zentimeter an seinem Kopf vorbei. Das war echt psycho.«

Es war früher Morgen am 1. Mai, und irgendwie lag sowieso schon etwas Seltsames in der Luft. Teahupoo war grau in grau, die Wellen brachen ungeordnet und es war ziemlich groß. Schwer zu sagen. Es konnten sechs Fuß sein oder auch 16. Der Tahitianer Malik Joyeux ließ sich an dem Morgen schon sehr früh reinziehen, auf einem Board, das höchstens vier Fuß, sechs Inch lang war. Das erinnerte eher an ein Bügelbrett. Dreimal rasierte er mit dem Hintern die Wellenschulter, bevor das Zwölf-Fuß-Monstrum ihn aufs Riff spuckte.

Dann geschah es. Der Tahitianer Raimana, ein Bursche, der für seinen unerschrockenen Teahupoosurf weltbekannt ist, wurde von dem hawaiischen Surfer Reef McIntosh gezogen. Reef saß noch niemals zuvor auf einem Jetski in Teahupoo, aber Raimana versicherte ihm, dass das kein Problem sei. Als Raimana das Towseil auf der ersten Zehn-Fuß-Bombe losließ, machte Reef den entscheidenden Fehler. Statt zu gucken, wohin der Jet fährt, schaute er Raimana hinterher. »Der Swell schob Reef einfach weiter«, beschreibt Joli Wilson die gefährliche Situation, »aber als er es bemerkte, war's schon zu spät. Der Jet machte jetzt, was er wollte.« Der Jetski fuhr praktisch einen Floater auf der Inside, und Reef musste ihn einfach gehen lassen. Das 400-Kilo-Monster verfehlte Raimanas Kopf nur um Zentimeter und krachte mit der Nose voran ins Riff. »Der Ski ging noch zweimal vorne über die Welle, bevor er in die Lagune gespült wurde«, erläutert Joli. »Der war vollkommen zerstört.«

Was da passiert war, beziehungsweise was da hätte passieren können, lähmte fast alle an diesem Tag. Statt full power war jetzt eher das kalkulierte Risiko angesagt. »Alle waren fassungslos«, erinnert sich Joli. »Niemand konnte glauben, was da gerade geschehen war. Sein eigener Jetski hätte ihn beinahe erschlagen. Es war ja im Endeffekt kaum etwas passiert, trotzdem waren alle echt ernüchtert. An diesen großen Tagen ist jede Menge Gischt in der Luft. Überall fahren Jetskis rum, die Sets sind riesig, überall sind Kameraleute und Fotografen und die Jungs pushen sich gegenseitig. Raimana kann die Situation da draußen sicherlich mit am besten einschätzen. Aber der gewaltige Schock ließ auch ihn ins Grübeln kommen. Alle anderen sowieso. Hätte ihn der Jetski getroffen, wäre er ziemlich sicher tot gewesen.«

Reef schwamm zu den Booten im Channel hinüber. Er war völlig fertig. Er konnte einfach nicht fassen, in welche Gefahr er seinen Freund gebracht hatte. Er konnte einem wirklich leidtun. »Reef blieb für den Rest des Tages mit hängendem Kopf auf dem Boot. Er schämte sich für die Nummer«, erzählt Joli.

»Das ist total unheimlich«, sagte Reef später am Nachmittag. »Da merkt man, wie schnell etwas schief laufen kann.« Auch Raimana war den ganzen Nachmittag ziemlich aufgewühlt, besonders als er die ersten Videobilder von dem Unfall sah. Aber nicht zuletzt wegen seines entspannten tahitianischen Naturells konnte er schon bald wieder darüber lachen: »Ich nehme ihm das nicht übel. So ein Mist kann passieren. Einen Jetski kann man ja ersetzen. Bei meinem Körper wäre das wohl eher schwierig geworden. Klar haben wir einen Ski verloren, aber keinem von uns ist etwas passiert. Das ist die Hauptsache.«

STICKS MCGRAW

Steph Gilmore, Mentawai-Inseln *Foto: Dave Sparkes*

Fotograf Dave Sparkes sollte der einzige Kerl auf einem Bootstrip mit einer Menge Mädels sein. Er hatte sich schon damit abgefunden, dass er das Badezimmer nicht einmal von innen sehen würde und dass zehn Tage sicherlich genug Zeit für die Mädchen sein würden, um sich wie Furien auf den einzigen Mann an Bord zu stürzen. Es stellte sich aber schnell heraus, dass seine Paranoia vor dem Y-Chromosom vollkommen unbegründet war. »Das war einer der coolsten Bootstrips, die ich je gemacht habe«, erzählt Dave. »Das fehlende männliche Ego auf dem Boot machte die Sache extrem entspannt. Die Mädels waren allesamt richtig nett.« Die Anführerin der Mädelscrew war Steph Gilmore oder auch »Sticks McGraw«, wie Dave sie liebevoll nennt. »Für Steph ist das Leben eine große Party«, berichtet Dave. »Sie erinnert mich fast ein bisschen an Stevie Wonder mit ihrem ständigen Lächeln. Sie lächelt, während sie auf fette Wellen wartet. Sie lächelt, wenn sie eine Welle reitet. Und sie lächelt, wenn sie ein paar Akkorde auf ihrer kleinen Reisegitarre spielt.

Gegen Ende des Trips wollten wir noch eine berüchtigte Rechtswelle checken. Ein Riff, das dafür bekannt ist, selbst gestandene Surfer in Angst und Schrecken zu versetzen. Ich machte mir Sorgen. Zum einen hatte ich Angst um die Mädels. Ich machte mir aber auch Sorgen, dass sie das Riff mit perfekten Wellen sehen und dann kneifen könnten. Ich fühlte mich schon wie ein Außenseiter, weil ich an unseren ursprünglichen Plänen, eine entspanntere Welle zu suchen, festhalten wollte. Da verkündete Steph, dass sie jetzt rausgehen würde. Ich folgte ihr, um ihr etwas moralische Unterstützung zuzurufen und vielleicht ein oder zwei Shots zu machen. Aber eh ich mich versah, fand ich mich in einer Demonstration perfekten weiblichen Tubesurfings wieder. Ich war begeistert von Steph. Offensichtlich half ihr die Erfahrung von ihrem Homespot Coolangatta. Ich war mir jetzt sicher, dass sie in nahezu jede Welle droppen könnte. Sie surfte ohne jede Furcht auch an den Stellen, die verdammt flach waren. Die ganze Zeit mit diesem unbeirrbaren, freundlichen Lächeln im Gesicht.«

DER SCHWARZE HORIZONT

Haleiwa, Hawaii *Foto: Andrew Buckley*

»An diesem Morgen war der Ozean alles andere als freundlich«, murmelt Andrew Buckley, der an dem betreffenden Morgen vielleicht sogar den Weißen Wal höchstpersönlich vor Haleiwa hätte harpunieren können. »Es war sehr groß und wurde ständig größer. Es hatte vielleicht 15 Fuß, und dazu sah das Meer einfach furchteinflößend aus. Man wurde schon vom bloßen Zusehen seekrank. Das Meer war so aufgewühlt, dass schon der Chop bestimmt drei Fuß hoch war. Es war wild und total chaotisch. Man konnte kaum über den Chop gucken und wusste nicht, wo man überhaupt war, bis es schon zu spät war.« Und zu spät war es auch fast für die Surfer auf diesem Bild, unter ihnen Pancho Sullivan und CJ Hobgood. Verzweifelt versuchen sie, in den sicheren Channel zu gelangen, als sie ein mörderisches Set entdecken, auf dem scheinbar genau ihr Name steht. Schon wenn's in Haleiwa gut aussieht, erinnert die Welle an eine gigantische Salzwassertoilette mit einer heftigen Strömung, die an der Welle entlang raus aufs Meer zieht. Und die 15-Fuß-Sets an diesem Tag heizten diese Strömung noch mal kräftig an. Es gab einfach keinen richtigen Platz, an dem man sitzen konnte.

»Ich kam da an, als es noch ziemlich dunkel war«, erinnert sich Buckley. »Es waren nur ein paar Jungs draußen, und es sah einfach böse aus. Man wollte sich mit der Welle nicht anlegen. Als es etwas heller wurde, konnte man sehen, dass es noch surfbar war. Aber man musste schon die richtigen Wellen zwischen all den Abräum-Sets finden. Und von der Welle wollte sicherlich keiner abgeräumt werden. Das sieht man ja auf dem Foto. Aber es fand eben ein Contest statt. Und es stellte sich raus, dass es eine gute Entscheidung war, ihn durchzuführen. Es war absolut beeindruckend, an diesem Tag zuzuschauen. Das Meer sah gewaltig aus. Einige Jungs kamen mit den Bedingungen sehr gut zurecht. Andere dafür überhaupt nicht. Das sind die Bedingungen, die man gerne auf einem Surfcontest sieht, aber mit Sicherheit nicht die Bedingungen, bei denen man selber surfen gehen möchte.«

DER D-ZUG

Mick Fanning, Rags Right
Foto: Andrew Buckley

DER D-ZUG

Mick Fanning, Rags Right

Foto: Andrew Buckley

Was passiert, wenn man die weltschnellsten Surfer gegen die weltschnellsten Wellen antreten lässt? Klarer Fall, ein zünftiges Wettrennen zwischen Mensch und Element natürlich.

»Ich liebe es, an diesem Ort zu surfen«, schwärmt Mick Fanning, »es ist wie in Kirra – nur Riffe, aber tausendmal weniger Typen. Du surfst von einer Section in die nächste, und wenn du dann alles richtig machst – also die Line immer schneller und weiter hinabfährst –, dann lässt sie dich eventuell mit heiler Haut davonkommen. Gib Gas oder geh unter, lautet hier die Devise. Es ist keine Welle, die zu endlosen Turns einlädt. Diese Erwartung kann man gleich vergessen. Du siehst ständig den Schatten des Riffs. Ein hohes Verletzungsrisiko, zu gefährlich, ehrlich gesagt! Insgesamt fand ich meine mehrstündige Privatsession in Rags aber sehr cool!«, erzählt Mick mit einem verstohlenen Lächeln. »Schnell und seicht« – so beschreibt Fotograf Andrew Buckley die Welle in Rags. »Sie läuft super schnell. Sie rollt an einer kleinen Insel vorbei. Wer sie surfen will, muss aufs Gas drücken und sie ganz abfahren. Einmal in die Welle gestartet, bist du motorisiert. Ab geht's! Kein Zurück. Nicht mal ein Buttom Turn ist drin. Man versucht nur, so schnell wie möglich durchzustarten, um mit dem Speed der Welle mithalten zu können.« »Wie tief willst du in die Barrel reinfahren?«, fragt Buckley während Fannings Surfsession an diesem denkwürdigen Nachmittag. »Das war einer der besten Tuberides, die ich je gesehen habe. Er dachte, er sei schon wieder zu Hause und unter ihm wäre nur weicher Sand. Man sieht genau, wie er in die schnellen Sections hineindrängt. Im ersten Moment dachte ich noch: ›Mist! Der Typ hat nicht die Bohne einer Chance.‹ Aber die Aufnahmen vom Shoot aus dem Boot rechts zeigen das Unerwartete: Er zieht es durch! Die Wellen waren so schnell, blieben aber für ihn offen. Er paddelte einfach raus und die Welle brach über seinem Kopf. Einem Typen wie Mick bei so einem Racetrack zuzusehen ist eine Erfahrung für sich. Er war an diesem Nachmittag der Einzige draußen. Und er hat alles genommen, was unter sein Brett gerollt kam. Alles! Er hat zwei Stunden gesurft. Jeder konnte sehen, wie Mick eins mit der Welle war. Totale Harmonie!«

DER WILDE WESTEN

The Box, Westaustralien

Foto: Andrew Buckley

Die Jungs in Westaustralien gehören zu den besten Surfern der Welt. Bei den Wellen ist das natürlich auch kein Wunder. Andrew »Shorty« Buckley gibt sich die Ehre und gewährt einen Einblick in eine der wenigen Schattenseiten im Leben eines südwestaustralischen Surfers. Die meiste Zeit verbringt man hier nämlich mit Warten. Darauf, dass sich der Swell aufbaut und abschwächt. Hier donnert die gewaltigste Dünung des Indischen Ozeans längs. Und wenn sie das tut, dann sind da die tausend verschiedenen Riffe und Strände, die bei Wind und Megadünung ihre ganze Magie zeigen. Und wenn sich die Elemente zu diesem Schautanz verbinden, dann muss man schon das seltene Glück haben, sein Auto an der Stelle geparkt zu haben, von der aus man alles sehen kann. »Nette Wellen gibt es hier immer. Gute finden sich also leicht«, bemerkt Shorty und holt weiter aus. »Die Kunst ist es, die fabelhaften Riesenwellen zu finden. Es gibt Stellen, die in einer Stunde heftig abgehen und sich dann, abhängig von Wind und Tide, schlagartig beruhigen. Dafür geht's dann an einer anderen Stelle an der Küste los, abhängig von Wind und Tide, und in der Regel ist die Distanz dazwischen sehr groß. Da ist es fatal, in den klassischen Wartemodus zu verfallen! Wer den ganzen Tag nur Wellen checkt und rumfährt, kommt nie zum Surfen. Du wartest und wartest und wartest. Den ganzen elenden Tag lang. Denn die Wellen, die man findet, reichen nicht. Die quälende Frage nach noch besseren Wellen scheucht einen von einem Spot zum nächsten. Es muss noch besser gehen! Am Anfang funktioniert das vielleicht noch einigermaßen, aber irgendwann kommt die Einsicht: »So, Jungs, jetzt gehen wir surfen.« An diesem speziellen Tag war der Job schnell erledigt. »Nur fünf Minuten die Straße runter, in der wir standen, war dieser Break. Die Entscheidung war also ausnahmsweise mal leicht.« Die goldene Regel für ahnungslose East Coaster, die sich durchmogeln und die den North Point von Lefties nicht kennen? »Lerne jemanden kennen, der sich in der Gegend auskennt«, sagt Shorty gackernd.

ROSSY & BADDY

Dan Ross und »Baddy« Treloar, Sunset Beach

Foto: Dave Sparkes

Am Sunset Beach sieht man nur wenige Leute lächeln. Der Name verspricht eigentlich Romantik pur. Doch wer sich als Surfer ins kühle Nass wagt, wird schnell von der Wucht der Wellen ans Ufer der Realität zurückgespült. Die Wellen hier sind oft riesig. Für einen Surfer fühlt sich das in etwa so an, als würden zwei Ozeane gleichzeitig über ihn gegossen oder als stießen zwei Dampfloks zusammen – der Surfer dazwischen, versteht sich. Mit den Jahren haben die Wellen hier unzählige Körper malträtiert und noch mehr Surfbretter mit einem Schlag zermalmt. Nur eine Hand voll Surfer hat hier wirklich bislang erfolgreich bestehen können. Dan Ross ist einer von ihnen.

Aufgewachsen im verschlafenen Angourie an der Nordwestküste, musste Rossy das Finale am Sunset – dem letzten Event der Saison – gewinnen, um sich für die Dream Tour im nächsten Jahr zu qualifizieren. Seine Freude über die Teilnahme am prestigeträchtigen Qualifikationswettkampf wurde getrübt durch den starken Leistungsdruck: Wenn er in den kommenden drei Tagen versagen würde, wäre sein Traum von der WCT vorerst geplatzt. Goodbye, meine liebe Karriere! Vielleicht bis zum nächsten Jahr.

In einer Ecke saß sein Stiefvater, David »Baddy« Treloar. Eigentlich ist er Fischer. Aber für den Surffilm »Morning of the Earth« machte er eine Ausnahme und wirkte wesentlich beim Dreh mit. Er betreute Dan über die Jahre und hatte sich an das Leben eines Managers gewöhnt. Er wollte den Erfolg seines Sohnes. Sein Kind an der Spitze Hawaiis, nein, der Welt. Vorher würde er nie wieder Netze in Angourie auswerfen. Das hatte er sich geschworen. Seit 1969 war Baddy nicht mehr an Oahus North Shore gewesen: »Ein bisschen zu viel Rummel für meinen Geschmack«, lautet sein nüchternes Fazit.

Beim Eventbeginn musste Dan zunächst sieben Heats gewinnen, um ins Finale zu kommen. Im ersten bestach er durch den höchsten Heat Score des Tages. Baddy, der das Geschehen vom Strand aus beobachtete, war ganz still geworden. Wer genau hinsah, konnte eine kleine glitzernde Träne in seinem Auge entdecken. Wie sollte es dann erst werden, wenn Dan das Finale erreichen sollte? »Dude ...«, stammelte er kopfschüttelnd, unfähig seine Emotionen in Worte zu fassen. »Dude ...« Noch einmal sammelte er sich. Und brachte doch nicht mehr als ein drittes *»Duuude!!!«* heraus.

Am späten Nachmittag paddelten Rossy und Baddy nach dem Wettbewerb zum Sunset-Lineup raus. Das Lineup ist so weitläufig, dass man einen Kollegen, mit dem man losgepaddelt ist, unmöglich im Auge behalten kann. Als der Fotograf Dave Sparkes die beiden mit den Elementen vereinigt sah und Dan und Baddy schließlich Rücken an Rücken die Wellen jagten, stand für ihn fest: Dieser Moment muss für die Ewigkeit festgehalten werden. »Es musste so sein«, sagte Sparkes. Als die Sonne am Kaena Point unterging, machte er das Foto, das alles sagte: Rossy mit seinem so typischen Happyface, Rossy stolz wie Oskar.

Drei Tage nach dem Shoot schaffte es Dan in das Finale und in die Dream Tour. All seine Freunde standen am Strand und feierten ihn und seinen Triumph. Baddy hatte immerhin noch genug Kraft, ins Meer zu laufen. Seinem Sohn entgegen. Trotz des emotional höchst anstrengenden Tages hatte er noch so viel Power, um seinen Sohn Dan so fest zu umarmen, dass er ihm fast die Rippen brach.

NP

EINER ZU VIEL

Takayuki Wakita und Andy Irons, Pipeline
Foto: Andrew Buckley

EINER ZU VIEL

Takayuki Wakita und Andy Irons, Pipeline *Foto: Andrew Buckley*

Jemandem in Pipe zuzuschauen kann sehr schnell sehr böse ins Auge gehen. Nicht nur für den Fotografen. Auch für Surfer kann sich Pipe zu einem ungeheuren und unkalkulierbaren Unterfangen entwickeln. Pipeline schießt scharf. Sie ist eine der gefährlichsten Wellen der Welt. Für Gruppenausflüge eher ungeeignet. Generell kann der Zusammenprall mit einem anderen Menschen oder dem messerscharfen Riff genauso zum Härtetest werden wie die Konfrontation mit der eigenen Psyche. Wenn jemand übelst von der Welle aufs Riff gehämmert wird, jagt sein Board wie ein unkontrolliertes Geschoss durch die Luft, bis es ungebremst gegen den Schädel eines Mitsurfers donnert. Bam! Licht aus! Aber es gibt noch einen anderen, schwerwiegenderen Grund, wieso Pipe als so gefährlich gilt.

Vor wenigen Jahren noch, als die mutigsten Surfer der Welt in die Pipe stiegen, galten keine Regeln für den Brett- und Personenverkehr. Die Einheimischen wollten ihre Pipe nicht mit Fremden teilen. Die Toleranzgrenze ging gegen null.

Heute ist das anders. Jetzt ist es wichtiger, auf seine Schritte aufzupassen. Da draußen ist höchste Konzentration gefordert. Im Interesse aller muss bei Hochbetrieb Umsicht nun groß geschrieben werden. Das wird deutlich beim Blick aufs Wasser. Wie am Fließband surfen die Jungs die Wellen ab. Drei, zwei, eins ... Go! Und wehe, einer verschläft seinen Einsatz. Dafür ist es zu voll! Allerdings nimmt sich die Local-Gang gern ein paar Extrawürste heraus. So droppen sich der Japaner Takayuki Wakita und der dreifache Pipe-Master Andy Irons fröhlich in die Wellen. Normal ein No-Go, das hart bestraft werden müsste.

»Drop-Ins in Pipe sind für gewöhnlich absolut unlustig«, erzählt Fotograf Andrew Buckley, »aber das Foto zeigt, dass keine Absicht hinter diesem Fauxpas steckt. Bei der Welle gibt es eine Sektion – Wakta Bowl –, die brutal aufs Riff hämmert. Und manchmal fängt sie genau da an zu brechen. Wie bei diesem Mal. Andy hat Wakita offensichtlich nicht gesehen. Auf der Sequenz erkennt man sogar, wie Andy Wakita erst in der Barrel sieht und sich geradezu erschreckt. »Verdammter Mist, was machst du denn hier!?« Und ich bin mir sicher, dass sich die beiden während des Rauspaddelns darüber totgelacht haben.«

WELLEN IM ÜBERFLUSS

Martha's, King Island

Foto: Sean Davey

Die vereinzelten Fußstapfen sagen eigentlich schon alles. Und wenn man sich vergegenwärtigt, dass die paar Fußabdrücke da auch noch von einheimischen Fischern sind und nicht von Surfern, ist auch klar, warum die zwei Surfer auf dem Foto den Strand entlangrennen und dabei herumhüpfen wie kleine Kinder am ersten Ferientag.

Es gab Zeiten, da war dies das typische Bild an Australiens Küste. Ein großer, wunderschöner, leerer Strand mit tosenden Wellen, der regelrecht auf erste erkundende Fußtritte wartet. Es ist beruhigend zu wissen, dass es in verschlafenen Ecken Australiens solch heilige Stätten immer noch gibt. »Der Ort hier ist so einladend und freundlich«, schwärmt der Fotograf und regelmäßige Besucher der Insel, Sean Davey, »hier gibt es keine Aggressionen! Alles ist old-school. Jeder lässt seine Haustür offen und die Schlüssel im Zündschloss. Es ist das alte Australien, hier gibt es Hummer wie bei uns Hunde, Haie wie Lkws und solch fetten Käse, dass man schon beim Anblick einen Herzinfarkt bekommt.

Für den Fall, dass man hier nicht essen oder gegessen werden möchte, gibt's hier auch Wellen: »Der Swell kann hier aus drei Richtungen kommen. Es gibt tolle Right- und Lefthander. Es gibt immer Peaks ohne Ende«, freut sich Weltmeister Mick Fanning. »Der Ort ist verrückt. Es ist so einsam hier. Nirgends findet man so viele leere Wellen wie hier. Ich komme gerne hier runter.«

»Das Foto zeigt, wie man hier als Surfer nach Wellen sucht«, erklärt Davey. »Perfekt, grün und sauber, vier oder fünf Fuß, niemand draußen, die Sonne scheint. Es sieht aus, als würde das viel Spaß machen. Heute haben wir einen Typen aus Angourie getroffen. Der wollte mit seinen Kumpels hierherkommen, aber die sind dann alle abgesprungen. Also dachte er sich: ›Na schön, dann fahr ich eben alleine.‹ Und tat's. Er hatte weder eine Unterkunft noch ein Auto. Er legte einfach los. So läuft das hier eben!«

Klar ist es immer ein wenig beruhigender, wenn man um sich herum ein paar mehr Fußabdrücke sehen kann. »Deswegen mögen die Locals auch die Gesellschaft von anderen«, lacht Davey. »Man hat weniger Angst, wenn noch jemand mit draußen ist. Und jeder Mensch mehr im Wasser verringert dein Risiko, von einem Weißen Hai verspeist zu werden.«

DIE UNBARMHERZIGE

Todos Santos, Baja Mexiko *Foto: Jason Murray*

Manche nennen diesen Ort die Insel aller Heiligen. Und die Jungs auf diesem Foto beten wahrscheinlich in der Hoffnung, dass überhaupt ein Heiliger ihren flehenden Ruf erhört. Die hoffen vielleicht auf das Gehör des auf Wipeouts spezialisierten Schutzpatrons.

Fotograf Jason Murray und seine Crew surften gerade »Ghost Trees« nahe Monterey/Kalifornien. Die Bojen maßen 32 Fuß in 20 Sekunden. »Die werden noch größer«, erklärte Murray die frohe Botschaft. Die Baja hatte zu dem Zeitpunkt schon riesige Wellen. »40 bis 50 Fuß hatten die kleinen« – kein Wunder, dass selbst Big-Wave-Spezialisten wie Peter Davi schon ordentlich abschmierten und von Wellen überrollt wurden. Dennoch zog es Jason und seine Jungs kurz nach »Ghost Trees«, bevor sie dann ihren zwölfstündigen Trip über die Insel Todos Santos vor Mexiko Richtung Süden nach »Killers« antraten. Um 5.30 Uhr am nächsten Morgen kamen sie an. Die Wellen waren so fett wie nie zuvor.

»Die ganze Crew war draußen auf dem Wasser, und plötzlich war da diese Megawelle, die alle aus dem Nichts überrumpelte«, erinnert sich Jason, der vom Jetski aus die Szenerie knipste. »Mit unfassbarer Gewalt rollte sie an und überschwemmte die ganze Bucht. Es war die größte Welle des Tages. Vielleicht auch die größte Welle, die einigen der Jungs je auf den Kopf geklatscht ist. Armer Healy! Ich schätze, die Welle hatte 65 Fuß. Und genug Kraft, um mit einem Schlag die Bucht leer zu fegen. Ich erinnere mich noch an all die gebrochenen Boards und gerissenen Leashes, die mir herrenlos entgegengeschossen kamen. Das reinste Chaos! Ich packte mein Zeug, so schnell ich konnte, und gab Vollgas ins Schlachtfeld. Überlebende? Irgendwer?«

Die Nachwirkungen der Welle waren tragisch. Der australische Surfer Jamie Mitchell war verschollen. Von den Wassermassen verschlungen. »Sein Board trieb ziellos im Lineup«, erinnert sich Murray. »Niemand konnte ihn sehen. Ausgerechnet dieser Ausnahmesurfer, der es geschafft hatte, das ›Molokai to Oahu Race‹ fünfmal hintereinander zu gewinnen. Wer, wenn nicht er, hätte dieser Welle Paroli bieten können? Dramatisch! Zwei Minuten vergingen. Nichts. Kein Zeichen, das auf sein Überleben hindeutete. Während ich panisch in der kleinen Bucht umhersteuerte, kam ein neues gewaltiges Set. Spülte die Bucht durch. Und noch immer: nichts. Angst machte sich breit. Wo war er nur? Plötzlich die erlösenden Rufe vom Ufer. Sie haben ihn gefunden. Irgendwie hatte er es geschafft, sich ohne sein Brett sicher aus den Wellenbergen an Land zu retten. Unverletzt. Unfassbar!«

DIE GESTRANDETEN

Timmy Turner, Apocalypse/Indonesien *Foto: Jason Childs*

Wer im Urwald herumkriecht, erwartet ja eigentlich nicht viel. Am wenigsten aber erwartet er einen Surfer. Dann schon eher einen Panter oder einen Affen. Aber sicher keinen Surfer.

Als der Fotograf Jason Childs bei einem Surftrip mit den Aussies Koby Abberton und Dylan Longbottom die bislang unberührte hufeisenförmige Bucht von Palau Panaitan ansegelte, traf er aber auf Surfer. Boote waren keine in Sicht. Nur die »Bevölkerung« der kleinen Insel, bestehend aus den Kaliforniern Timmy Turner, Travis Potter und Brett Schwartz.

Sie packten ihre Koffer und nahmen mit: ihre Boards, Angeln, Reis, Nudeln, Wasser, Hühner, eine Ziege, Schmerztabletten und Zigaretten. Mehr nicht. So zelteten die Jungs mutterseelenallein auf dieser einsamen Insel. Riskierten Malaria, tiefe Schnittwunden oder gar Inselkoller. Und das alles nur, um einen Film zu drehen, der die gute alte Zeit aufleben lassen sollte. Eine Zeit, in der es noch keine professionell organisierten und überfüllten Surftrips gab. Sondern nur den unbändigen Entdeckerwillen einiger Individuen. Quasi eine Hommage an das pure Fernweh, das einzelne Surfer in die Welt hinaustreibt. Dafür wollten sie ein oder zwei Wochen auf der Insel bleiben, fischend, surfend, rauchend oder lesend. Vor allem aber filmend. Dann zwischendurch mit einem Fischerboot zurück Richtung Miniflughafen, um Nachschub zu organisieren. Oder für einen kurzen Abstecher nach Singapur. Danach direkt zurück aufs Eiland. Fischen. Surfen. Rauchen. Lesen. Filmen. So vergingen drei Monate. Und mit jeder Rückkehr auf die Insel wuchs der Wahnsinn in jedem Einzelnen heran. Immer weiter, immer skurriler. Stück für Stück. Bis zum ausgereiften Inselkoller.

Auszug aus Timmys Reisetagebuch vom 14. April: »Ich kann mich nicht mehr erinnern, wann ich zuletzt was hier reingeschrieben habe. Die Wellen gehen ab. Schon seit Tagen. Wir mussten unsere Ziege schlachten. Zum Großteil ist sie schon gegrillt worden ... wir haben einen Bootstrip nach ›Orgasm‹ gemacht. Und Travis hat die einzige Welle erwischt, die gebrochen ist. Sie war unglaublich perfekt! Sie rollte ungebremst ans Ufer, wo sie die Bäume, die aus dem Riff wuchsen, umspülte.«

»Als ich im Camp aufschlug, waren die Jungs noch ziemlich organisiert«, erinnert sich Jason an seine Ankunft. »Zu dem Zeitpunkt waren sie schon etwas länger da. Hatten Proviant und ein kleines Beiboot. Sie lebten in ihrer eigenen kleinen Welt. Nicht jeder packt so was! Erst recht nicht ohne zum Urwaldlocal à la ›Die Welle ist unsere‹ zu mutieren. So was etabliert sich erfahrungsgemäß gern bei vielen Surftrips, deren Dynamik sich mehr und mehr verselbstständigt.«

DIE GESTRANDETEN

Timmy Turner, Apocalypse/Indonesien

Foto: Jason Childs

Es gibt einen Grund, wieso die Jungs um Timmy so lange an diesem einsamen Ort blieben. »Der Righthander ist eine verdammt anspruchsvolle Welle. Das wird nicht langweilig«, beteuert Childsy, der bereits mehrmals dorthin gereist war. Mal erfolgreich. Mal nicht. »Mein Kumpel Todd hat ein Boot da draußen, und er berichtet, dass sein Boot wie eine Nussschale von der Welle zerquetscht wurde. Diese Welle ist absolut unberechenbar. Selbst wenn man meint, alles im Griff zu haben, kann sie immer noch eine gewaltige Überraschung parat haben. Das ist auch der Grund, weswegen diese Session für mich so besonders war. Es gibt kaum eine andere Bucht, in der zwei so unterschiedliche Wellen so unvorstellbar wuchtig aufeinandertreffen. ›Apocalypse‹ heißt die eine – eine hohle Rechte, die dich richtig nass macht. ›One Palm‹ heißt das Gegenstück. Diese Welle barrelt über Meilen und schiebt dich mehr oder minder trockenen Fußes vor sich her. Für mich ist das ein magischer Ort. Und dieser Shot von Timmy ist für mich etwas ganz Besonderes. Der Platz ist wie der Heilige Gral. Aber man muss schon ein sehr guter Surfer sein, um das zu erkennen und schätzen zu können. Ich erinnere mich an Nick Wood, der in den 1980er-Jahren hier sein Glück versuchte. Mit Kollegen und einer Kameracrew im Gepäck paddelte er los, um mit einem fetten Tritt von ›One Palm‹ zurück an Land katapultiert zu werden. Sein Kommentar: ›Wenn wir die besten Surfer der Welt sein sollen ... wie gut müsste man denn bitte sein, um mit dieser Bestie fertig zu werden?‹ Dies war vorerst das Ende der Geschichte von ›One Palm‹. Danke, Nick! Du hast uns gezeigt, dass diese Welle nichts verzeiht. Keinen Fehler. Kein schlechtes Timing. Nichts! Es braucht eine Menge Mut, um bei dem messerscharfen Riff diese brutale Welle zu surfen.«

Wie sich zeigen sollte, braucht es neben Mut auch noch Kochtöpfe und eine Brille. »Timmy ist eigentlich ein Blindfisch! Normalerweise hat er immer dicke Brenngläser auf der Nase. Außer beim Surfen. Dabei ist er fast blind. Die Sicht verringert sich für ihn mit abnehmendem Licht. Respekt vor diesem Blindflug!« Seine beiden Kollegen setzten sich zum Schutz schon gern mal Kochtöpfe auf. ›Lieber Kopfschmerzen als 'ne zertrümmerte Birne‹ lautete das Motto. Lieber albern mit dröhnendem Schädel als mit Schädelfraktur im Urwald unendlich viele Meilen vom nächstgelegenen Krankenhaus entfernt.

Laut Childsy liegen diese Klassewellen in unvorstellbar schöner Natur. »Der Spot liegt in einem Nationalpark. Die Insel zählt sogar zum Weltkulturerbe. An der Stelle, an der wir für gewöhnlich das Boot verlassen, gibt es Nashörner und Salzwasserkrokodile. Auf dem Weg zur Anlegestelle schippert man am Krakatoa-Vulkan vorbei. Alles ist wunderschön und vor allem wild. Und Jakarta, eine der weltgrößten, dicht bevölkertsten und dreckigsten Städte der Welt, liegt nur drei Autostunden von hier entfernt. Trotzdem fühlt man sich hier wie am Ende der Welt.«

20. April: »Die Wellen werden kleiner. Ein trauriger Tag! Sachen packen und ab nach Hause. Vorher müssen wir noch unser Boot zurückgeben, ehe es absäuft. Als Hilfe nehmen wir ein Fischerboot, das unsere Nussschale abschleppt. Brett sitzt hinten und schöpft mit seinem Cowboyhut Wasser aus dem Boot, das während der schaukeligen Überfahrt rüberschwappt. Jetzt in diesem Moment fühle ich mich benommen. Mir ist schwindelig. Ich bin ausgetrocknet und verhungert. Ich beneide die Fischer. Sie fangen all den Fisch, die Hummer, die Tintenfische und die Krabben, die ich jetzt in diesem Moment gern essen würde. Und wichtiger noch: Sie leben hier. Sie haben es geschafft und einen Platz im Paradies gefunden. Ich hingegen muss nach Hause, E-Mails lesen, essen, telefonieren. Mir wird noch schwindeliger. Der Tabak muss der Grund sein. Ich rauche eigentlich nie. Wieso ich hier an Kippen gezogen habe, weiß ich nicht. Mir ist immer schlecht danach. War es Langeweile? Das kurze Vergnügen am verwegenen Geschmack? Auf dem Boot fühle ich mich mies. Der brennenden Sonne schutzlos ausgeliefert, stets bemüht, die heftigen Wellenbewegungen so weit auszugleichen, dass der Kahn nicht umkippt. Mein Hintern tut weh. Aber ich liebe es. Trotz oder gerade wegen all dem! Aber dennoch: Ganz langsam setzt sie ein, die Vorfreude auf zu Hause. Meine Dusche, mein Bett – nach dieser Expedition fühle ich mich so sauber wie noch nie zuvor in meinem Leben.«

DER RÜCKSPIEGEL

Red Bluff, Westaustralien

Foto: Dean Dampney

»An dieses Foto kann ich mich noch lebhaft erinnern«, schmilzt Fotograf Dean Dampney dahin. »Die Karre gehörte meinem Kumpel Pete. Und diese Karre war Kult! Wir hausten darin während des gesamten Trips. Sie war unser Wohnzimmer, unsere Oase zum Chillen, quasi unser Lebenszentrum. Das Beste war das Radio. So ein uraltes Ding, aus dem dann und wann mal die Nachrichten rauskamen. Wann und welche Nachrichten, wusste man natürlich nie. Es schien nach dem Zufallsprinzip zu empfangen. Aber die Karre war noch mehr. Sie war unser Kleiderschrank, und die Rückspiegel waren unsere Verbindung in die reale Welt. Sie hielten uns schonungslos vor Augen, zu was wir in der langen Zeit fernab jeglicher Zivilisation mutiert waren. Und das war auch gut so. Ohne die Spiegel hätten wir das räudige Dasein wohl radikal und konsequent ausgeblendet. Verdrängt. Uns zum Neandertaler zurückentwickelt. Aber die Spiegel bescherten uns noch mehr magische Momente. Manchmal genossen wir beim Blick in den Rückspiegel die Aussicht auf perfekt brechende Righthander. Wahnsinn! Wie auf dem Foto. Pete saß vorn und lauschte einem Spiel der West Coast Eagles, das fast störungsfrei vom alten Radio übertragen wurde. Er saß nicht. Er hing eher über dem Lautsprecher. Und er sah dabei so aus, als hätte er monatelang obdachlos auf einer Parkbank gepennt: Ausgewaschene Jogginghose, abgetragenes T-Shirt, ausgeleiertes Sweatshirt. Dazu ein stoppeliger Bart und fettige Haare. So hing er auf dem Vordersitz seines HTs und hörte gespannt dem Spiel seiner australischen Mannschaft zu. Das war der Moment, in dem ich den Finger auf den Auslöser legte und abdrückte. Wenn ich mir den Shot so ansehe bin ich ein echter Glückspilz. Man muss nämlich wissen, welch lange Durststrecke zu dem Zeitpunkt hinter uns lag. Ewig keine gescheiten Wellen zum Surfen. Oder eben zum Fotografieren. Und umso glücklicher bin ich, dass ich zufällig in den Rückspiegel geguckt und dann auch noch abgedrückt habe. Was für eine herrliche Abwechslung!«

DAS KILLERRIFF

Pipeline, Hawaii *Foto: Sean Davey*

Manchmal ist es besser, sich nicht alles ganz genau anzuschauen. »Das da unten macht mir Angst«, beteuert Fotograf Sean Davey. Mit »das da unten« meint er das Riff von Pipeline. Genauer: das messerscharfe Riff einer erbarmungslosen, hawaiischen Welle. Eine Welle, die schon mehr Surfer getötet hat als jede andere auf der Welt. »Zieh dir allein die ganzen Höhlen und Kanten rein! Da beginnt gleich unweigerlich das grausame Kopfkino. Was passiert mit mir, wenn ich da hängen bleibe? Scheußlich!«

Wie jeder andere Surfer, der sich regelmäßig in Pipes Gewässern tummelt, kam auch Davey schon in den Genuss der blanken Angst im Angesicht des Todes. Sein Mund wurde staubtrocken, als ein Ungetüm von Welle unausweichlich auf ihn zu donnerte. »Das Riff habe ich zum ersten Mal wirklich gesehen, als es eigentlich schon zu spät war. Ich wurde von der Welle erwischt und direkt übers Riff gewaschen. Das war meine erste Begegnung mit diesem Riff«, erzählt Davey und lacht laut auf. Allerdings war ihm in diesem Moment gar nicht nach Lachen zu Mute. »Ich war an einem großen Tag draußen, um in Pipeline zu fotografieren. Mehr als zwölf Fuß hohe Brecher liefen an dem Tag in die Bucht. Es war der Tag, an dem Shawn Briley und Mike Stewart von derselben Welle gebarrelt wurden. Ich hielt drauf, während ich mich mitten im Pulk der anderen Surfer in relativer Strandnähe aufhielt. Und alles, was dabei herauskam, war dieser eine Shot von Derek Ho, einfach, weil er am dichtesten bei mir saß. Ich weiß noch, wie die Welle von hinten ankam. Nichts Besonderes an sich. Ich tauchte hindurch. Als ich wieder auftauchte, war das Riff fast trocken gelegt. Das Wasser war rausgesogen worden, und eine gewaltige Schaumwalze raste auf mich zu und schmetterte mich ins trockene Riff. Ich hatte keine Chance auszuweichen. Normalerweise ist das Riff immer unter Wasser, aber es lag eben fast trocken da. Ich wurde von der Wucht des Weißwassers mitgerissen. Über die scharfen Kanten und Spitzen. Den Strand entlang vorbei an Gums, vorbei an Beach Park bis runter nach Pupukea. Ich war völlig fertig! Aber immerhin klüger. Niemals wieder werde ich ein Riff auf die leichte Schulter nehmen. Viel zu schnell kann es dich zu Fischfutter zermahlen.«

DIE WASSERBOMBE

Andy Irons, Shipstern Bluff
Foto: Tim Jones

DIE WASSERBOMBE

Andy Irons, Shipstern Bluff

Foto: Tim Jones

Noch heute redet man über den Tag, an dem sich Andy Irons bei Shipstern Bluff die Ehre gab. »Unerschrocken, aber wohl überlegt«, fasst Fotograf Hilton Dawe die eindrucksvolle Erstvorstellung der lebenden hawaiischen Surflegende in den gewaltigen, kobaltblauen Wellen zusammen. »Das waren spektakuläre Bedingungen an dem Tag«, schwärmt Andy und betont: »Ich bin schon ein Glückspilz! Solche Wellen staubt man selten gleich beim ersten Trip in diese Gegend ab. Die Welle ist der absolute Wahnsinn! Nicht vergleichbar mit anderen Riesenwellen. Sie klatscht massiv runter. Alles andere als perfekt. Und vor allem stets auf der Lauer, dich niederzustrecken. Ein Wunder, dass wir alle heil aus der Nummer rausgekommen sind.«
Zwei Tage vor unserer Session saß Joel Parkinson noch mit seinem Vater Brian und einem Humpen Bier in der Hand auf der D-Bah-Düne an der Gold Coast. Den Blick fest und sehnsüchtig auf das Viertelfinale seiner heimatlichen Pro Tour gerichtet. Früher am Tag war er unglücklich ausgeschieden. Mit dem Bier wollte er wahrscheinlich den Schmerz darüber ertränken. Ganz nebenbei nuschelte er etwas wie: »Die nächsten Tage soll Shipstern Bluff feuern.« Er starrte einen Moment weiter auf das entfernte Geschehen. Dann plötzlich schien all der Frust über die Niederlage verschwunden. Er grinste und sagte: »Ich denke, ich werd mir das geben.« Ich roch Lunte und wollte sofort wissen, wen Parko mitnehmen will. »Weiß noch nicht.« Unser Blick schweifte wieder rüber zum Event. Dort wurde just in diesem Moment Andy Irons als Verlierer aus seinem Heat an Land geschickt. Also fragte er Andy, ob er am Losers' Trip teilnehmen wollte. Innerhalb einer Stunde hatte Andy zugesagt.

Am nächsten Morgen waren die beiden schon in Tasmanien, gemeinsam mit Brenden Margieson, Laurie Towner und Dylan Longbottom. Noch im Morgengrauen schlüpften sie in ihre Neoprenanzüge, die sie bis zur Abenddämmerung nicht mehr auszogen. Ein langer, denkwürdiger Tag.

Als die Jungs ihr Motorboot durch den Channel in Position brachten, schwante ihnen Böses. »Am Anfang sah es noch gar nicht so gut aus, aber trotzdem lag schon irgendwie etwas Mystisches in der Luft«, erinnert sich Fotograf Hilton Dawe. »Mit der Zeit nahm dann der ablandige Wind deutlich zu und pustete erst die Wolken vor der Sonne weg und türmte dann immer größere Wellen vor der Küste auf. Mit jedem Set wurden die Wasserberge höher und unberechenbarer.«

Die erste Marke des Tages wurde direkt vom Unerfahrensten unter den Jungs gesetzt. Vielleicht lag es daran, dass Andy Irons persönlich dabei war. Jedenfalls paddelte Laurie Towner eine Welle an, die jedem anderen 19-Jährigen etliche Nummern zu groß gewesen wäre. »Das war schon krass«, erinnert sich Andy später. »Das war eine der größten und wuchtigsten Wellen, die ich je jemanden habe anpaddeln sehen. Ich denke nicht, dass Laurie in dem Moment darüber nachgedacht hat. Er hat sie gesehen, sich umgedreht und Gas gegeben.« Lozza hatte es nicht geschafft. Musste er aber auch nicht. Es war schon krass, da einfach nur rauszupaddeln. Das Boot schaukelte wie eine Nussschale auf der wild aufbrausenden See.

Für mich war es schwer, am Telefon zu verstehen, was da vor sich ging. Parko hatte mitten im Nirgendwo recht guten Handyempfang. Aber sein Geplapper war echt schwer zu verstehen. »Verdammt«, jubelte Parko, »ich hatte gerade die fetteste Welle meines Lebens! Und direkt danach meinen längsten Tuberide. Warte, bis du die Fotos siehst. Du drehst durch!«

Nachmittags schaukelten sich die Wellen weiter hoch. Die Sets liefen wie ein rasender Pulsschlag regelmäßig und unaufhörlich immer weiter und weiter. Die Sonne ging langsam unter. Die Faces der Wellen wurden zu brutalen Fratzen. Wie auf einem Gemälde von Dalì. Und die Jungs? Die erreichten immer neue Grenzen. Wobei Andy Irons an diesem Tag allem die Krone aufsetzte.

»Andy hatte heftige Ritte an diesem Tag«, erinnert sich Hilton. »Für jemanden, der noch nie zuvor an dem Spot war, konnte er die Wellen unglaublich gut lesen und einschätzen. Je später es wurde, desto tiefer kam er in die Tubes«, stimmt Parko zu. »Seine Welle auf diesen Fotos war schon unfassbar. Er wurde gebarrelt und war eigentlich schon gestürzt, da fing er sich wieder und ging ganz tief rein in das Teil!«

Am Abend waren alle total geschafft. Parko hatte ein Dauergrinsen im Gesicht. »Es war ein krasser Tag. Fast zu krass für mich. Zu lang. Ich bin total fertig. Den ganzen Tag strömt dir das Adrenalin durch den Körper. Da ist man abends einfach nur erschöpft!«

DER HYPNOTISEUR

Joel Parkinson, Snapper Rocks

Foto: *Andrew Buckley*

»Was soll an dem Shot so besonders sein?« Joel Parkinson gilt als einer der entspanntesten Surfer, den man auf der Welt bewundern kann. Allerdings ist er selbst nie besonders scharf darauf, sich selbst zu loben. So flüssig, wie der Ozean unter seinem Brett, so eine hypnotische und verführerische Wirkung hat die Welle von Coolangatta. Kein Wunder, dass Joels geschmeidiger Stil hier noch besser zum Ausdruck kommt als an seinem Homebreak »The Superbank«. Während er den weißen Sand am Ufer im Blick hat, stürzt sich Parko in die Wellen. Er erkennt Lines, die kein anderer Surfer sieht.

»Immer wenn Joel rauspaddelt, halten alle anderen Surfer inne«, erzählt Fotograf Andrew Buckley. »Es können noch so viele im Wasser sein. Sobald Joel eine Welle anvisiert, lassen sie alles stehen und liegen und genießen die Show. Genau das sieht man auf diesem Foto. Parkos Ritt sieht eigentlich nicht sonderlich schnell oder spektakulär aus. Sein feiner, geschmeidiger Stil verbirgt die wahre Schwierigkeit. Allein die Drehung seines Körpers, als er in die Welle droppt. Sein Style hat viel mit seiner Herkunft zu tun, die Pointbreaks der Gold Coast. Bei so vielen Wellen, die er da draußen bekommt, wird er natürlich immer besser!«

»Wow! Ich könnte den ganzen Tag hier am Strand sitzen und Joel beim Surfen zusehen«, schwärmt sein bester Freund und Weggefährte Mick Fanning. »Es wird nie langweilig, ihn zu beobachten. Aber das bleibt unter uns! Ihm würde ich das nie sagen«, sagt Fanning. Und lacht.

DIE LAWINE

Tony Ray, Avalanches

Foto: Sean Davey

Bereits zwei Jahre bevor dieses Foto entstand, hatte Tony Ray die Ehre, dass nur seinetwegen Helikopter am Himmel über den tosenden Wellen kreisten. So kam ihm dieses Shooting wie eine Rückblende vor. Eine Reise in die Vergangenheit!

Etwa zwei Meilen vor der Küste surfte Tony mit seinem australischen Tow-in-Partner Ross Clarke-Jones in den Wellen draußen bei Log Cabins. Der Swell von den Aleuten war riesig. Und bei Outside Log liefen die größten surfbaren Wellen, die die Welt je gesehen hatte. 20 Fuß und höher. Jeder Tropfen Wasser am rechten Fleck. So große Wellen hatten Tony und Ross bislang in ihrem Leben noch nicht gesehen. Eine Zeit lang lief alles wie geschmiert. Tony auf dem Jetski, Ross auf dem Brett. Bis das ultimative Monster angerollt kam. Der 60 Fuß hohe Wasserberg donnerte über die beiden hinweg wie ein Güterzug und vergrub sie in der tosenden See. Die beiden erfahrenen Big-Wave-Surfer waren plötzlich völlig allein im kochenden Ozean. Schließlich schafften sie es, in Ufernähe zu schwimmen, wo ihr völlig zerstörter Jetski herumtrieb. Und gemeinsam trieben sie weiter, etwa drei Meilen entlang der Küste bis runter nach Outside Alligators, wo sie endlich gerettet wurden. Dort entstand später auch dieses Foto.

Das Wummern eines Helikopters war damals normalerweise ein schlechtes Zeichen am North Shore von Oahu. Entweder sucht die Küstenwache nach einem Vermissten, oder der Rettungshubschrauber landet auf der Straße zwischen Pipeline und Sunset Elementary School, um einen verletzten Surfer zu retten.

Die unheimliche Wirkung der Helikoptergeräusche hat abgenommen, seit Fotografen und Kamerateams die Vogelperspektive für sich entdeckt haben und die Helis für sich beanspruchen. »Das ist der fetteste Helishot, den ich je geschossen habe«, begeistert sich Sean Davey für das besondere Foto. »Wir cruisten mit unserem Heli die Küste des North Shore entlang. Dabei fielen uns die beiden Typen ins Auge. Wir drehten ein paar Kreise um sie herum und schossen einige Bilder. Dann flogen wir weiter. Die Wellen an dem Tag waren riesig, mehr als 20 Fuß. Ein klassischer Tag für Waimea. Normalerweise schluckt die Vogelperspektive vom Heli aus ordentlich die Größe der Wellen. Aber diese Welle hier wirkt auf unerklärliche Weise noch größer, als sie in Wirklichkeit war. Es freut mich sehr, dass ich an diesem Tag im Heli saß!«

Im Schnitt bucht Davey zwei- bis dreimal pro Winter einen Heli. »Ich liebe es einfach, in die Luft zu gehen«, erklärt er. »Du kannst die verrücktesten Perspektiven einfangen. Das ist vom Wasser, vom Ufer oder vom Jetski aus nicht möglich. Wenn man – so wie in diesem Fall – direkt über dem Geschehen gerade nach unten schießt, entstehen die schrägsten Bilder. Und genau die will ich!«

KNOCHENBRECHER

Heath Walker, Off the Wall

Foto: Nathan Smith

KNOCHENBRECHER

Heath Walker, Off the Wall

Foto: Nathan Smith

Als sich Heath »Nutty« Walker in die Welle stürzte, hatte er nur einen Gedanken: Ich will einen Covershot! Nur Bruchteile einer Sekunde später hatte der Gold-Coast-Surfer ein ganz anderes Problem, und zwar im Rücken: das scharfe hawaiische Lavariff. Nutty hat es übel erwischt. Er wurde von der Welle erfasst und kopfüber auf das Riff geschleudert. An Hawaiis berüchtigtem Spot Off the Wall. Ohne Bewusstsein trieb er in den Wellen. Drei Wellen lang hielt es ihn unter Wasser. Noch etwas länger, und er wäre als Wasserleiche wieder aufgetaucht, wenn überhaupt. Der Waschgang hatte ihm böse zugesetzt: gebrochene Rippen, gebrochenes Schlüsselbein, perforierte Lunge und ein fast abgerissenes linkes Ohr. Und dabei hatte er noch Glück. »Es hätte leicht zu Ende sein können«, erinnert sich der sonst so fröhliche Walker mit Tränen in den Augen. »Ich hätte sterben können.« Diese Welle war einer dieser Grenzgänge zwischen Leben und Tod. Drei Jahre sind seit dem tragischen Tag inzwischen vergangen. Und auch wenn seine physischen Wunden verheilt scheinen, so klaffen die psychischen Wunden weiter in Walkers Kopf.

Nur 100 Meter von der berühmten Pipe entfernt, bricht die berüchtigte Welle von Off the Wall. Es scheint, als wäre sie der gemeingefährliche Zwillingsbruder, den man lieber im Keller versteckt. Pipe ist meist so perfekt wie aus dem Bilderbuch. Off the Wall hingegen ein kaum einschätzbares Biest. Der Running Gag unter den Jungs, die sie surfen: der beste Closeout an der ganzen North Shore! Dennoch wird die Welle jeden Winter wieder zu einem wahren Fotostudio. Die Bilder, die hier entstehen, sind meistens das hohe Risiko wert. Man braucht nicht unbedingt den einen Supershot ganz draußen. Eine gute Session mit einem Wasserfotografen kann schon reichen, und man landet direkt auf dem Cover eines Surfmagazins. Kurze Zeit später hat man den lohnenden Scheck eines Sponsors im Briefkasten. »Ich hatte gerade einen schönen Ritt hinter mir, als ich nach draußen paddelnd auf dieses eine Set traf«, erinnert sich Nut an den Moment vor dem Crash. »Die beiden Jungs, die das Set ursprünglich anpaddeln wollten, stoppten. Meine Chance und los! Drin war ich. Ich sah Smithy und Sponnay (*Wasserfotografen Nathan Smith und John Respondek*) im Wasser und dachte: ›Yeah ich hab es geschafft‹. Der Drop war einfach. Zu einfach vielleicht. Aber darüber dachte ich nicht nach. Ich wollte einfach so gut wie möglich in der Tube stehen. Aber schon als ich an den Jungs vorbeigesaust war, entwickelte sich das Ganze ziemlich schnell und ziemlich hässlich. Die Farbe des Wassers färbte sich von Blau zu Braun. Die Welle lief komplett trocken. Und ich schoss wie eine Kanonenkugel Kopf, nein, Schulter voran in mein Verderben. Und Cut! Es wurde schwarz. Filmriss.«

Ein Glück, dass die Menschen am North Shore so hilfsbereit sind, wenn es um die Rettung eines verunglückten Surfers geht. Selbstlos stürzten sie sich in die Impact Zone, um zu helfen. »Ich bilde mir ein, dass ich mein Board wie einen Grabstein über mir sah, bevor es mich wieder in die Tiefe riss. Dann endlich sah ich Big Aamion (*den hawaiischen Surfer Aamion Goodwin*), der mich packte wie ein Baby und mich aus dem Wasser hob. ›Verdammt, Nut, bist du okay?‹ Was für eine Frage. Ich war gerade im Disneyland. Oder im Warteraum zum Himmel. Dann schwamm Clouse (*Nuttys guter Freund Jarrad Howse*) zu uns rüber, schnappte sich meine Beine und brachte mich gemeinsam mit Aamion zum Strand. Ich sah ihre Blicke. Sie sahen alle sehr beunruhigt aus. Irgendwas mit mir war definitiv nicht in Ordnung. Im Krankenhaus sagten sie mir später, dass in dem Moment Blut aus meinen Ohren gekommen wäre. Ich kann mich nur noch an mein Erwachen im Helikopter erinnern. Es brauchte unendliche acht Minuten, bis wir am Queens Hospital von Waikiki landeten. Und dann begann erst die eigentliche Tortur!«

»Es kam mir vor, als würden sie ein Brathähnchen sezieren. Ich wurde auf einen Tisch geworfen. Ich sehe noch den Typen vor mir, der mit diesem dünnen Schlauch an meinem Unterleib rumhantierte. Ein

anderer Arzt schob seine Hand unter meinen Hintern. Noch ein anderer bohrte ein Loch in meine Lunge. Ich war zu dem Zeitpunkt schon schwer betäubt und konnte das Ganze einigermaßen aushalten. Trotzdem schrie ich wild herum. Dem einen Doc sagte ich, dass er von mir keine Weihnachtskarte erwarten darf, wenn er nicht sofort seine Hand von meinem Hintern nimmt ...«

»Im Krankenhaus auf Station konnte ich mich per Knopfdruck selbst mit Morphium zudröhnen. Der eigens dafür vorgesehene Knopf war an meinem Bett fixiert. Teilweise habe ich ihn alle fünf Minuten gedrückt ... mein Daumen wurde richtig wund von all der Drückerei! Ich erinnere mich noch an eine Nacht, als Shannon (*Nuttys Freundin*) im Bett neben mir lag und ich jubelte, dass es mir ja richtig gut ginge. Sie meinte immer nur, dass ich es mit dem Morphium nicht übertreiben sollte. Es gab auch Nächte, in denen ich vergaß, den Knopf zu drücken. Am nächsten Tag fühlte ich mich dann wie vom Laster überrollt. Aber nur einen Knopfdruck später war die Welt wieder in Ordnung!«

Zwischen den selbst verabreichten Morphium-Dosen fand Nutty gelegentlich Mut, sich in den Spiegeln seines Zimmers zu betrachten. »Das war schon meine zehnte Saison in Off the Wall. Endlich habe ich mal ein gutes Bild abgegriffen, und dann passiert so was. Ich bin froh, dass immerhin das Foto gut geworden ist«, müht sich Nutty ein Lächeln ab.

Die ganze Sache hatte aber auch andere gute Konsequenzen. Als er sich im Krankenhaus bewusst wurde, wie nahe er dem Tod gekommen war, wurde er sich über die Beziehungen zu seinen liebsten Menschen so klar wie nie. »Die ganze Episode hat meine Gefühle zu Shannon noch stärker gemacht. Als ich so dalag, wurde mir klar, dass ich den Rest meines Lebens mit ihr verbringen möchte.« Nur drei Tage nachdem er aus dem Krankenhaus entlassen worden war, fiel er vor Shannon und all seinen Freunden am Strand, an dem er fast gestorben wäre, auf die Knie und fragte sie, ob sie heiraten wollten. Und obwohl Nutty wie ein überfahrenes Eichhörnchen aussah, sagte Shannon »Ja«.

FEUERLÄUFER

Grajagan, Indonesien

Foto: Dave Sparkes

»Diesen Weg willst du nicht im Dunkeln laufen«, deutet Dave Sparkes die missliche Lage, in der sich der Knabe auf diesem Bild befindet. »Hier kann man leicht seine Zehennägel verlieren. Aber ich bin mir sicher, dass er doppelt belohnt wird, wenn er bei dem Licht aufs Wasser geht. Bei den Korallen natürlich nicht einfach. Er läuft auch ausgerechnet bei Speedies raus, wo das scharfe Riff besonders weit ins Meer rausgeht.«
Aber wie Sparkesy schon erwähnte, ist es nicht leicht, sich der pumpenden Wellenmaschine G-Land zu entziehen. Das zeigen auch die drei anderen Jungs rechts im Bild im Lineup. »Es ist eine dieser langen, aber leider sehr unbeständigen Wellen, die nur selten funktionieren. Aber wenn, dann kosten die Surfer es richtig aus. Genießen Welle um Welle, bis die Sonne hinter dem Horizont verschwindet. Der im Dunkeln schwierige Weg zurück zum Camp wird so lange ausgeblendet, bis es so weit ist. An diesem Nachmittag feuerte G-Land aus allen Kanälen. Und so verwundert es nicht, dass bei Sonnenuntergang noch immer einige Jungs draußen waren. Und der Typ auf dem Riff war nicht der letzte, der an diesem Abend vom Wasser kam.«
Auch wenn hier heute dreimal so viele Surfer im Camp rumhängen als früher, hat Grajagan nichts von seinem romantischen Charme verloren. »G-Land wurde durch Gerüchte bekannt unter den Surfern«, hält Sparkes fest. »Ich erinnere mich noch daran, dass ich als Kind von einer unbekannten Linkswelle las, die irgendwo in Java sein sollte. Es war etwas Mystisches, was die Welle umgab. Und das liegt noch heute in der Luft. G-Land ist die nach Bali wohl exotischste Entdeckung der Surfwelt. In Uluwatu dachten schon alle: Wow! Was kann es überhaupt Besseres geben? Sie hatten keine Ahnung.
»Das Ding ist, wenn du an so einen Ort kommst, ist es eine kleine Sensation. Absolut überraschend, ähnlich wie in J-Bay. Klar, man bereitet sich auf einen solchen Trip sehr genau vor. Man kennt viele Bilder und Videos von den Spots. Aber die tatsächliche Weite und Größe ist trotzdem überwältigend. Darauf ist man einfach nicht gefasst! Überall, wo du hinschaust, brechen perfekte Wellen. Die Form und die Breite der Bucht erschlagen dich förmlich. Ein Gefühl von unendlicher Weite und völliger Isolation und Abgeschiedenheit überkommt dich. Und das, obwohl hier inzwischen viele Surfer in die Camps kommen. Man fühlt sich wie auf einer einsamen Insel, obwohl man sich auf javanischem Festland befindet. Angeblich soll es hier sogar Tiger geben. Sicher ist, dass es hier Katzen gibt und jede Menge Affen. Wenn du nachts eindöst, hörst du nur den Dschungel.«
»Nach G-Land zieht es Surfer immer wieder zurück. Sie sind besessen von dem Spot. So auch Sloth, ein guter Kollege vom Bondi-Beach. Er war schon mindestens 30-mal in G-Land. Er erzählt immer wieder von diesen Tagen zwischen Speedies und Lauching Pads. Es sieht aus, als wäre hier Pipeline, nur zehnmal hintereinander. Wer solche Tage hier erlebt, kommt natürlich immer wieder.«

FLUG IN DEN SÜDEN

Andy Irons, Shipstern Bluff *Foto: Hilton Dawe*

Die meisten Jungs, die sich in die berüchtigte tasmanische Welle von Shipstern Bluff werfen, sind wohl eher Selbstmörder. Andere machen schon fast eine Religion aus ihren Sessions. Es gibt wohl nur einen Surfer auf der Welt, der hier wirklich alles im Griff hat.

Als Andy Irons an diesem Morgen rauspaddelte, sah er dem typischen Gesicht von Shipsterns in die Augen. »Fett, groß, beängstigend und trübe«, erinnert sich Fotograf Hilton Dawe an die Szenerie, als sie sich am Morgen mit ihrem Motorboot vom berühmten Kap aufmachten, dem die eindrucksvolle Rechtswelle ihren Namen verdankt. »Ein unheimlicher Dunst lag über dem Wasser. Wie ein undurchsichtiger Schleier, der etwas verbergen sollte.« Ganz Gentleman, schickte der dreifache Weltmeister Andy Irons den jungen Surfer Laurie Towner zuerst ins Getümmel. Tapfer gehorchte der 19-Jährige dem Ruf des Meisters und paddelte hinaus. »Wenn Andy dir sagt, dass du da raus sollst, was sollst du da machen«, lachte Lozza später. Towner droppte in die größte Barrel seines Lebens. Die Fotos landeten auf den Covern sämtlicher Surfmagazine weltweit.

Aber es gibt ein ungeschriebenes Gesetz in der Surfszene. Dirigiere niemals einen Surfer in eine Welle, die du nicht selbst surfen würdest. In diesem konkreten Fall traf es Andy. Er hielt Wort und stahl als schmerzfreier Hawaiianer dem wackeren Laurie gnadenlos die Show. Und Towner? Der zog sich das Spektakel vom Bug des Schiffes gemütlich rein und genoss. Denn Andy hatte durch den fast 20-jährigen Konkurrenzkampf mit seinem jüngeren Bruder Bruce den unbändigen Willen, einen noch besseren, fetteren und spektakuläreren Shot einzusacken als Laurie. Tja. Nach kurzer Zeit entstand dann dieses einmalige Foto. Schade, Laurie! »Wir schrien vor Begeisterung«, erinnert sich Hilton. »Das war unglaublich! Das war der fetteste Air von der höchsten Welle, den ich je gesehen habe. Andy raste mit voller Geschwindigkeit in eine steile Acht-Fuß-Section. Beim Abflug von der Lippe flog er immer höher und höher heraus. Es katapultierte ihn geradezu nach oben. So, als ob er über die Insel im Hintergrund fliegen wollte. An die möglichen Folgen einer höchstwahrscheinlich vergeigten Landung hatte Andy nicht einen Gedanken verschwendet. Wozu auch? Original Andy!«

BETHANY

Bethany Hamilton, Mentawai-Inseln *Foto: Dave Sparkes*

»Den ersten Trip mit Bethany unternahm ich etwa sechs Monate vor ihrem Unfall«, erinnert sich Fotograf Dave Sparkes. »Damals war sie 13 Jahre alt und topfit! Sie war bekannt für ihre radikalen Turns. Sehr vielversprechend! Sie hatte eine große Zukunft vor sich. Und dann, zwei Jahre nach dem Vorfall, sah ich sie zum ersten Mal wieder. Auf einem Bootstrip nach Indo. Und ich wusste nicht recht, was ich erwarten durfte, von ihrem Surfen und auch von ihr als Persönlichkeit.«

Wir schreiben den 31. Oktober 2003. Wir befinden uns auf der hawaiischen Insel Kauai. Bethany Hamilton schnappt sich ein paar Freunde und paddelt an ihrem Homebreak Tunnels raus zum Morgensurf. Die 13-Jährige ahnt gar nicht, was sie da berührt hat, als der Hai auftaucht. In wildem Blutrausch schießt ein 14 Fuß großer Tigerhai auf Bethany zu und reißt ihr den linken Arm komplett ab. Das verändert ihr Leben unwiderruflich. Auf ihrem Weg zurück in ein erfülltes Leben lässt Bethany ihre Schüchternheit hinter sich und erkämpft sich auf dem Surfboard Respekt und Anerkennung. Von Oprah Winfrey über Dokumentationen wie »60 Minuten« bis hin zu den heimischen »Hanalei News«. Bethanys Geschichte rührt die Menschen auf der ganzen Welt. Heute, zwei Jahre nach jenem schicksalsträchtigen Halloweentag, hat Bethany ihren Weg zurück ins Leben und aufs Surfbrett gefunden. Und jetzt war sie auf dem Weg zu den Wellen Indonesiens, die sogar für viele Männer mit Armen und Beinen eine echte Herausforderung darstellen. »Ich hatte ein paar Fotos von Bethany gesehen, die ihr Bruder geschossen hatte. Da sah es schon so aus, als wenn sie wieder richtig surfen konnte«, erinnert sich Dave Sparkes. »Ich hatte keine Vorstellung davon, wie sie sich in Indo schlagen würde. Aber ich wusste, dass sie von ihrem Homespot Kauai heftige Wellen gewohnt war. Als wir aufs Boot kamen, sah ich ihre Bretter an Deck liegen und eine Schlaufe. Ich fragte mich, ob sie mit diesem Griff ihren Take-off bewerkstelligt. Bethany war zunächst sehr schüchtern. Es brauchte ein paar Tage, bis sie Vertrauen fasste und sich mir gegenüber öffnete. Ich stellte fest, dass sie den Griff am Board zum Duckdive nutzt. Und dass sie den fehlenden Arm beim Paddeln durch stärkeren Beinschlag kompensiert. All diese kleinen Dinge sagten mir, dass sie viele Sessions nach dem Motto »Trial and Error« hinter sich hatte, um ihr spezielles Surfen so weit zu perfektionieren.

»Als wir bei Green Bush ankerten, war ich mehr als skeptisch, dass Bethany das hier packen würde. Die Welle ist schon sehr ordentlich. Die anderen Mädels an Bord waren mit der Welle überfordert. Selbst Steph Gilmore hatte ihre liebe Mühe. Verglichen mit den anderen Mädchen lieferte Bethany eine erstaunlich gute Performance ab. Ich schoss die erste Session vom Boot aus und konnte Bethanys eigenwillige Technik genau studieren. Die Art und Weise, wie sie sich selbst immer wieder ausbalanciert, ist erstaunlich. Das Ungleichgewicht, das beim Aufstehen mit nur einer Hand entsteht, gleicht sie aus, indem sie ihren Körper seitlich verdreht. Klar wurde sie ein paarmal übel durchgewaschen. Aber sie hatte auch einige sehr ordentliche Ritte. Und jeder, der diesen Spot kennt, weiß, dass das nicht leicht ist. Es war wirklich inspirierend, ihr zuzusehen.

»Ich kannte ihren starken Antrieb. Sie ist strenggläubige Christin. Meine Einstellung zu Glaube und Religion ist eigentlich eher zwiespältig. Aber sie nutzt ihren Glauben, um Stärke für sich herauszuziehen, und das finde ich sehr gut. Sie hätte total abstürzen können, nach dem, was sie durchgemacht hat. Den meisten Menschen wäre es sicherlich so ergangen. Sie aber akzeptiert die Geschehnisse als Gottes Wille und glaubt fest, dass es Teil von Gottes großem Plan für sie war. Das gab ihr wohl auch die Kraft, so schnell ihr Leben neu zu ordnen. Auf unserem Bootstrip hat sie nicht einmal über den Hai gesprochen. Sie erzählte viel über ihr Surfen und wie Gott ihr geholfen hat.

»Bei ihrem letzten Ritt des Trips wurde sie aufs Riff gewaschen und schlug sich ihr Kinn auf. Das Foto steht für mich symbolisch für ihren Leidensweg. Sie surft Pipeline und Sunset. Aber auf diesem Foto zeigt sie ihre Verletzlichkeit hinter der starken Fassade. Ihr starkes Gesicht ist allgegenwärtig. Ihr Mut und ihre Courage wurden von allen Seiten beleuchtet und dokumentiert. Es gerät nur allzu schnell in Vergessenheit, dass dieses junge Mädchen Schreckliches durchgemacht hat. Unvorstellbar für die meisten von uns. Eine junge Frau, die etwas erleben und ertragen musste, das sich niemand wirklich vorstellen kann und mag. Ich denke, es war dieser Wipe-out, der das Fass zum Überlaufen brachte. Auch wenn sie es nicht sagte. Sie wollte danach einfach nur nach Hause.«

Bei Drucklegung des Buches war Bethany auf Platz 10 der World Qualifying Series.

GLÜCKSTREFFER

Magnum Martinez, Pipeline *Foto: Nathan Smith*

Oahus North Shore ist nicht nur der ultimative Härtetest für Surfer. Auch Surffotografen stehen hier vor einer gnadenlosen Bewährungsprobe. Wer versagt, wird über das scharfe Lavariff gespült. Vor allem in den Monaten November, Dezember geht es an dem Spot wie auf dem Basar zu. Zu Hunderten fallen die weltbesten Surffotografen ein, und dazu kommen noch Hunderte eher mittelmäßige. Zwischen Log Cabins und Sunset Beach findet sich die Crème de la Crème der internationalen Surfszene ein. Alle zusammen an einem nur zwei Kilometer weiten Strandabschnitt. Da ist ein solches Foto schon absolut einmalig. Es vermittelt den Eindruck von Weite und leeren Stränden, obwohl das nicht im Geringsten wahr ist.

»Du musst dir hier schon was einfallen lassen«, sagt Fotograf Nathan Smith. »Es ist hart, jedes Jahr wiederzukommen und sich neue Blickwinkel einfallen zu lassen. Die Welle wird jedes Jahr von rund 300 Fotografen abgelichtet, und das seit 30 Jahren. Es ist schon schwer, es irgendwie anders aussehen zu lassen, zumal jeder dieses Ziel hat. Das kann schon mal frustrierend sein. Aber es ist auch eine echte Herausforderung.«

Manchmal bedarf es eines glücklichen Zufalls, um einen speziellen Shot zu erwischen. »Dieses Bild schoss ich direkt von meiner Mietshütte, die das ›Surfing Magazine‹ für mich gebucht hatte. Es war Anfang November, gut zu erkennen am noch 20 Fuß breiten, vom Wasser unbeschadeten Sandstrand. Es war der erste fette Swell des Winters. Ich ging die drei Meter von meiner Hütte runter zum Strand, legte mich in den Sand und wartete. Ich knippste einfach fünf Shots von Magnum Martinez beim Take-off. Dann ging ich frühstücken. Als ich wenige Stunden später wieder an den Strand kam, war der Sand fort. Die Wellen hatten ihn weggewaschen. Und so konnte ich sicher sein, dass in diesem Winter niemand mehr diese Perspektive nachmachen konnte.«

DIE MENSCHLICHE KANONENKUGEL

Dave Davidson, Snapper Rocks *Foto: Peter »Joli« Wilson*

»Ich sah die Bombe nur in meinem Augenwinkel. Die Welle, die mit voller Wucht auf die Felsen prallte«, erinnert sich Fotograf Peter »Joli« Wilson. »Reflexartig drehte ich mich um und hielt blitzschnell die Kamera auf die Wasserexplosion. Mein Finger drückte automatisch auf den Auslöser, ohne dass ich wusste, wer der arme Teufel war oder was überhaupt gerade passierte. Ich sah einfach nur eine gewaltige Wasserdetonation!«

So kam es, dass Dave Davidson Opfer Nummer 23 275 des Snapper Rocks Backwash wurde. Wenn eine Welle gegen die Felsen am Snapper Rocks knallt, wird sie zurück Richtung Meer geschoben, wo sie dann wiederum mit einer neuen, reinlaufenden Welle kollidieren kann. Durch die Wucht der zusammenprallenden Wasserberge entsteht eine meterhohe Wasserwand, die alles niederreißt, was gerade unglücklicherweise in der Gefahrenzone ist.

»Ich habe dieses Phänomen in Snapper schon einige Male beobachtet, aber es war noch nie so gewaltig«, erzählt Joli. »Bei ablaufendem Wasser und der richtigen Swell-Richtung explodieren die Wellen regelrecht. Die Wucht hängt dabei von den Perioden zwischen den einzelnen Wellen ab. Dann kann ein Waschgang bei Snapper echt brutal werden. Das Teil hat Davo einfach mitgerissen und auf den flachen Meeresgrund geworfen. Das war sicherlich ganz schön ungemütlich.

»Lustigerweise steht auf Davos Brett ein Werbeschriftzug für die Gold-Coast-Surfschule. Wollen wir mal hoffen, dass keiner seiner japanischen Surfschüler den Abgang gesehen hat.« Über seine Schüler machte Davo sich wohl am wenigsten Gedanken. »Einige von Davos Kollegen haben den Stunt gesehen, und er musste sich am Strand einiges anhören. Aber er ist zum Glück einer der Jungs, die über so was lachen können.«

20/20

Kelly Slater, Teahupoo *Foto: Peter »Joli« Wilson*

Kelly Slater war wieder einmal am Scheideweg. Drei Jahre nach seiner Rückkehr auf die Pro Tour, hatte er es immer noch nicht geschafft, sich den siebten Weltmeistertitel zu holen. Nachdem er ihn 2003 um Haaresbreite im letzten Heat gegen Andy Irons verloren hatte, brauchte es eine Weile, bis er sich wieder berappelt und die Karrierekrise überwunden hatte. Wobei das Wort Krise im Falle von Kelly Slater wohl nicht überbewertet werden sollte.

Noch zu Beginn des Jahres grübelte Kelly, ob er weiter auf der Pro Tour dabei sein wollte. Bei den beiden ersten Wettkämpfen der Saison schnitt er für seine Verhältnisse mies ab und rangierte auf dem 12. Platz der Weltrangliste. Seine Stimmung war am Boden. Das lodernde Wettkampffeuer in ihm war zu einer kleinen Geburtstagskerze verkommen. Das zeigte sich am deutlichsten auf dem Wasser: Er sah so aus, als wäre er lieber gerade ganz woanders. Er hatte seinen Traum vom siebten Weltmeistertitel aufgegeben, obwohl er rein rechnerisch noch alle Möglichkeiten hatte. Er überlegte sich sogar schon, wie er Events absagen konnte. Er war bereit, Reunion, Fidschi und J-Bay sausen zu lassen, um sein inneres Gleichgewicht wiederzufinden. Aber zunächst war da ja noch Teahupoo. Der Aussicht auf einige fette Barrels in Tahiti, eine von Kellys Lieblingswellen, konnte er nicht widerstehen.

Seine Form in den ersten Runden auf Tahiti war allerdings alles andere als spektakulär. Dennoch war er am Finaltag unter den letzten 16. Als am Morgen ein kräftiger auflandiger Wind über das Lineup von Teahupoo wehte, fand sich Kelly allein in der Freesurf Session wieder. Und das passiert Kelly selten. Als einer der weltbesten Surfer ist er gewöhnlich immer von Menschen umgeben. An diesem Morgen saß er aber allein auf seinem Brett im Wasser und wartete im Regen. Da hatte er wohl so etwas wie eine Offenbarung.

»Ich war da draußen und wartete auf meinen Heat. Der Wind blies stark auflandig. Die Wellen liefen groß und chaotisch. Ich erkannte plötzlich, dass ich total angespannt war«, erzählt Kelly. »Und ich dachte mir: ›Entweder du entspannst dich mal, hast einfach nur Spaß an den Bedingungen und gibst so deiner Karriere noch eine kleine Chance, oder du trittst jetzt von der Tour zurück.‹ Wobei ein Abschied aus der Tour nicht zwangsläufig bedeutet hätte, in genau diesem Moment keinen Spaß zu haben. Das eine schloss das andere nicht aus. Es ergab alles Sinn.

20/20

Kelly Slater, Teahupoo

Foto: Peter »Joli« Wilson

Und plötzlich löste sich meine innere Handbremse und ich hatte den Spaß meines Lebens. Ich sehe den Ablauf dieses Heats noch in Zeitlupe vor meinem inneren Auge. Es war einfach nur cool!«

Zehn Minuten später veränderte eine einzige Welle das ganze Jahr, seine ganze Karriere, sogar sein ganzes Leben. Es war Runde vier, als Bruce Irons auf dem besten Wege war, Kelly an den Strand zu schicken. Bruce ging mächtig ab, und Kelly schien fast erstarrt zu sein. Aber dann kam Kelly zurück; wie Rocky Balboa kam er aus den Seilen nach drei Runden Schlägen von Apollo Creed. Kelly saß sehr weit drinnen am Point. Es sah eigentlich nicht so aus, als ob er von da aus noch in die Welle droppen könnte. Aber Kelly hat eben Füße wie Hände und er schaffte mit unfassbarer Power den Takeoff. Er zog einen brillanten Layback Bottom Turn, verschwand dann unfassbare acht Sekunden in der Tube und versetzte so die Menge im Channel in frenetischen Jubel. Jeder, der das gesehen hatte, wusste, dass Kelly dafür mindestens eine Zehn – wenn nicht sogar eine Elf – einstreichen würde. Später stellte sich heraus, dass Kelly mit dieser Welle den besten je erreichten Score bei einem Contest erwischt hatte. Mit dieser Leistung stieß er sogar Terry Fitzgerald mit seinem Ritt auf Uluwatu 1980 vom Thron.

Diese Welle war für ihn eine Befreiung. Kelly nahm die Dinge wieder selbst in die Hand und machte sich daran, seinen Traum zu verwirklichen. Er schickte erst Bruce, dann CJ Hobgood und Taj Borrow zurück nach Hause. Im Finale traf er dann auf Damien Hobgood, seinen Freund aus Florida. Beide konnten gleich in den ersten Minuten des Final Heats satte Neuner auf dem Scoresheet verbuchen. Vom wieder entdeckten Siegeswillen getrieben, punktete Kelly aber schnell mit seiner zweiten Zehn des Tages. Damien riskierte danach zu viel, stürzte heftig und kugelte sich die Schulter aus.

Aber Kelly wäre nicht Kelly, wenn er sich daraufhin zurückgelehnt hätte. Vor den Augen der Surfwelt schnappte er sich die größte Welle des Finals, verschwand in der Röhre und wurde im Channel vor das begeisterte Publikum geschleudert. Wieder einmal schrieb er Geschichte! Noch nie zuvor konnte ein Surfer im neuen Two-Wave-System zwei Zehnen in einem Heat für sich verbuchen. Er riss die Arme in die Luft, als die Wertung bekannt wurde, und sprang dann Kopf voran ins Wasser. Er paddelte zum Boot RAIMANA WORLD des vor Freude grinsenden Locals Raimana Van Bastolaer und schnappte sich ein Bier aus der Kühlbox. Mit der Dose zwischen den Zähnen paddelte er wieder raus, schnappte sich eine Welle und surfte sie, während er sich das Bier genehmigte. Am Ende der Welle warf er die Dose triumphierend in die Luft. 8.7. lautet das Urteil der Judges für den erfrischenden Bonusritt. Es waren die Australier, die versuchten, Kelly wieder auf den Boden der Tatsachen zurückzuholen: »Da war doch Schnaps drin«, riefen sie, bemüht die Show des Champs zu beenden. Kelly meinte nur später: »Ich dachte, eine Welle mit Bier ist fetter als jeder Zehner!«

»An so einem Tag musst du nehmen, was du bekommst«, erklärte Kelly später den Erfolg mit einem breiten Grinsen. »Man sollte vielleicht gar nicht zu viel darüber nachdenken. An dem Tag ist definitiv etwas mit mir passiert da draußen.« In nur sieben Stunden hatte Kelly seine Erfolgsliste ordentlich aufgestockt: Die beste je im Contest gesurfte Welle. Die ersten zwei Zehner innerhalb eines Heats. Und das erste Mal, dass jemand dreimal in Teahupoo gesiegt hatte. »Es ist noch zu früh, sich das zu wünschen. Aber der siebte WM-Titel wäre schon mein absoluter Traum! Aber vielleicht sollte ich das Schicksal auch nicht zu sehr fordern und mit diesem Tag meine Prokarriere beenden«, sagte Kelly damals.

Wir wissen inzwischen, dass es doch der siebte Titel für Kelly wurde. Und wenig später noch ein achter und ein neunter. Allerdings musste sich Kelly nach seinem spektakulären Erfolg in Teahupoo zwei Kritikpunkten stellen. Erstens stammte das Bier in Kellys Hand nicht aus der Brauerei des Toursponsors. Zweitens sträuben sich die Franzosen vehement, Sport und Alkohol miteinander zu verbinden. Dabei gibt es doch wirklich nichts daran auszusetzen, sich in eine Tube zu werfen und dabei ein Bier zu genießen. Obwohl: Alkohol trinken, während man Teahupoo surft, kann wohl nicht gerade als verantwortungsbewusster Umgang mit Alkohol angesehen werden.

Eine interessante Fußnote: Hinano hat später ein Special-Edition-Bier herausgebracht: SL8R – um Kellys achten Weltmeistertitel zu honorieren.

DER PYGMÄENPOINT

Gabriel, Kamerun

Foto: Stuart Butler

Wenn man einsam durch den Dschungel von Kamerun zieht, rechnet man mit Elefanten, Leoparden oder vielleicht einer Horde wilder Affen – mit einem Surfer allerdings weniger. Den kann man hier schon eher als Exoten bezeichnen. Nach wochenlanger Wellensuche entlang der afrikanischen Küste führte es den umtriebigen Surfer Stuart Butler mit seinen Buddies an einen noch unberührten weißen Sandstrand mit einigen annehmbaren Linkswellen. Sie legten ihre Boards in den feinen Sand und schauten raus aufs Wasser. Hier lernten sie dann den Local Gabriel kennen.

»Wir drei saßen im Schatten einer Palme und beobachteten die Wellen, als wir es plötzlich im Gebüsch rascheln hörten. Aus dem Busch kam ein Typ mit Surfbrett unter dem Arm«, erzählt Stuart. »Begeistert sahen wir zu, wie der Junge zielsicher den Strand hinunterschlenderte, sich die Leash ums Bein band und entspannt rauspaddelte. Und schon surfte er eine schulterhohe Linkswelle. Das hatten wir nicht erwartet. Gar nicht. Wir dachten, dass die Menschen hier – sofern hier überhaupt welche leben – Angst davor haben, das Meer zu betreten. Und jetzt schnappt sich jemand direkt unsere Welle. Gabriel, der offensichtlich noch wesentlich überraschter war, uns zu sehen als wir ihn, entpuppte sich auch noch als sehr guter Surfer. Aber noch mehr als das. Vielleicht ist er sogar der glücklichste Surfer der Welt. Definitiv aber der ungewöhnlichste.«

Später erfuhren wir, dass Gabriel ein Pygmäe ist, ein Einheimischer vom Stamm der Bakas. Er hatte eine Weile für ein französisches Resort in der Nähe des Spots gearbeitet, wo er von seinem Chef – einem Surfer – das Surfbrett geschenkt bekam. Dieser zeigte ihm auch die ersten Schritte in der Welle. Dann zog der Franzose weg, und Gabriel war fortan auf sich allein gestellt. Sieben Jahre sind seither vergangen. Stuart und seine Buddies waren die ersten Surfer, die Gabriel seither gesehen hatte. In der ganzen Zeit hatte er den Küstenabschnitt für sich allein. Er surfte immer noch auf demselben gelben Brett mit dem ersten inzwischen grauen Wachs drauf. Er hatte sich oft gefragt, wie es wohl sein würde, mit anderen Surfern aufs Wasser zu gehen. Und an diesem Tag sollte Gabriel endlich die Gelegenheit dazu bekommen.

DER LEGENDÄRE SONNTAG

South Coast — *Foto: Andrew Buckley*

Es gab Zeiten, da hätte dieses Foto das beste Surffoto aller Zeiten sein können. Die perfekte leere Welle, ein halbes Dutzend Surfer mit hochgestreckten Armen im Channel. Vielleicht die feinste Szenerie, die Huey zu bieten hat. Das Problem ist aber, dass es über die Jahre unzählige Bilder von leeren Wellen mit Jungs, die begeistert ihre Arme hochreißen, gegeben hat. Es wurde der Punkt erreicht, an dem sich das Interesse an solch wunderschönen Fotos ins Gegenteil verkehrt hat. Die Bilder waren irgendwann zu klischeebehaftet. Es brauchte also etwas ganz Besonderes, um mit so einem Shot wieder punkten zu können. Und genau das geschah am Big Sunday.

Der Swell für die New-South-Wales-Südküste war für jenen Sonntag als einer der größten noch surfbaren Swells überhaupt vorhergesagt. Und die Tage vor diesem denkwürdigen Sonntag wurden durch reichlich Spekulationen angeheizt. Wo würde der Swell die besten Wellen bringen? »Sobald ich von der Vorhersage Wind bekam, stand für mich fest, dass das hier der beste Platz sein würde«, erinnert sich Fotograf Andrew »Shorty« Buckley. »Alle anderen wollten mich überreden, in Sydney zu bleiben. Aber ich war mir sicher, dass der Swell für Sydney zu südlich kommen würde. Und ich sollte Recht behalten. In Sydney erreichten die Wellen gerade mal sechs Fuß. Hier unten waren sie locker 20 Fuß hoch.«

»Die Welle auf dem Foto war noch eine von den kleinen«, beschreibt Shorty, der sie von einem Jetski im Channel aus fotografierte. »Am Morgen waren die Wellen noch größer, aber dafür wurde es nachmittags cleaner. Es war echt schwer einschätzbar. Zwischen großen 20-Fuß-Wellen liefen immer wieder mal Zwölf-Fuß-Sets wie dieses an den Strand. Viele übersahen diese kleineren Wellen. Und die, die sie sahen, wagten es nicht, weiter reinzupaddeln. Aus Angst, dass sie das nächste 20-Fuß-Monster danach plattwalzen könnte. Deswegen blieben diese Wellen einfach leer. Aber sie waren wunderschön. Die Sonne schien direkt rein, und es kam zu einem tollen Lichtspiel. Fast wie in der Disko.«

DIE PSYCHOWELLE

Mark Mathews & Koby Abberton, Cyclops

Foto: Andrew Buckley

DIE PSYCHOWELLE

Mark Mathews & Koby Abberton, Cyclops *Foto: Andrew Buckley*

Das erste Mal in Cyclops ist für die meisten Surfer auch gerne das letzte Mal. Die Welle bricht vor einer Insel, die weit draußen an der einsamen Südwestküste Australiens liegt. Die paar Jungs, die in Cyclops einen guten Tag hatten, wollen ihr Glück in der Regel kein zweites Mal herausfordern. Die Welle ist hart an der Grenze zum unsurfbaren Wasserberg. Man hat die Wahl: Das Riff ist messerscharf. Das Wasser nur knietief. Überall lauern Weiße Haie. Und der nächste Arzt ist sechs Stunden entfernt. Es gibt hier viele Möglichkeiten, nicht mit heiler Haut davonzukommen.

Nur die Abberton-Brüder nehmen seit diesem denkwürdigen Besuch Cyclops regelmäßig in ihre Reiseplanung auf. An Sydneys Marouba Beach bekannt geworden, mussten sich die Brüder Jai, Sunny und Koby Abberton für zwei Jahre voneinander verabschieden. Jai musste sich wegen einer Mordanklage nach einer Schießerei vor Gericht verantworten. Als er unschuldig entlassen wurde, machten sich die wiedervereinten Brüder auf, das Land zu bereisen. Oder vielmehr die Küsten, um sich schließlich direkt auf Cyclops zu stürzen. Mit ihrem besten Freund Mark Mathews und dem Fotografen Andrew »Shorty« Buckley im Gepäck, zog es sie westwärts.

»Wir hatten keinen Plan, wie wir von unserem Hotel nach Cyclops kommen sollten, als wir in tiefschwarzer Nacht gegen 3.30 Uhr aufbrachen«, erinnert sich Shorty. »Wir hatten ein paar flüchtige Hinweise unter der Hand bekommen. Und eine Karte, auf der keine Straßen eingetragen waren. Auch entlang der Küste war kein Zeichen auszumachen. Alles sah vollkommen gleich aus. Wir gurkten die Küste rauf und runter, und uns wurde klar, dass wir so wohl nie in Cyclops landen würden. Wir mussten also wohl oder übel um Hilfe bitten. Die Typen, die wir dann antrafen und beim Schafescheren störten, hatten offenbar noch nicht so viele Surfer vor uns gesehen. Sie fanden uns schon seltsam. Zwei Geländewagen mit Anhängern, auf denen Jetskis waren, und die Karren voll mit Surfbrettern, bekleidet mit Regenjacken und Neoprenanzügen. Die dachten wahrscheinlich, dass ihnen jemand was in den Tee gegossen hat. Jai versuchte, einem der Typen eine brauchbare Wegbeschreibung zu entlocken, während im Hintergrund seine aufgebrachte Frau schimpfte, dass wir die Jungs nicht bei der Arbeit stören sollten. Der Typ wäre wahrscheinlich am liebsten zu uns ins Auto gesprungen und abgedampft. Der eine sagte, wir sollten in die Richtung, der andere meinte, in

die andere Richtung. Schließlich entschieden wir uns für die Straße, die ihrer Meinung nach später angeblich überschwemmt sein würde. Der Anblick, der uns empfing, als wir unsere Jetskis in den Channel bei Cyclops schoben, haute uns um! Es waren über acht Fuß, die sich da reinschälten. Das Geräusch der Welle stellte uns die Nackenhaare auf. Ich weiß nicht, ob es das Aufklatschen der Lippe auf dem Riff war oder der immense Druck in der Welle, der dieses bedrohlich donnernde Geräusch verursachte. Jede Welle hier hat ihre ganz eigene Charakteristik. Jede Welle ist anders. Die Unterschiede sind riesig. Man kann bei Cyclops definitiv nicht von einer perfekten Welle sprechen. Sie ist zu heftig und zu schwer einzuschätzen. Die meisten Wellen brechen schnell auf das trockene Riff und sind sofort closeout. Vor allem die Geschwindigkeit, mit der die Welle bricht, macht es extrem schwierig. Man hat ständig Stress, bis ins Tal zu surfen, und eigentlich will man da auch gar nicht hin, da es hier fast immer superflach ist. Diese Welle ist echt fast unsurfbar!
Es war total unwirklich, wie wir da auf dem Jetski saßen und Koby in die erste Welle droppte. Es war wie der Anfang eines Hollywood-Blockbusters. So etwas habe ich noch nie gesehen. Koby hatte sich, ohne überhaupt ernsthaft einen Blick auf die Welle geworfen zu haben, in die Fluten gestürzt. Er hatte das größte Set am Horizont anvisiert, ohne überhaupt jemals zuvor an diesem Spot gewesen oder gar gesurft zu sein. Unglaublich. Wir schrien uns die Seele aus dem Hals. Die dritte Welle packte ihn ein und schleuderte ihn aufs Riff. Das Riff riss ihm eine blutende Wunde in die Hand, die später mit 18 Stichen genäht werden musste. Den Rest der Session verbrachte er als Zuschauer auf dem Ski und blutete das haiverseuchte Wasser voll, in dem ich schwamm. Er wurde immer stiller und verwirrter. Am Abend rasten wir ins meilenweit entfernte Krankenhaus. Es stellte sich raus, dass eine Vene verletzt worden war.«

»Mark war schon seit Langem heiß darauf, Cyclops zu surfen. In seinem Zimmer hängt seit ewigen Zeiten ein Poster der Welle. Als sich ihm nun die Chance bot, war er direkt dabei. Er hatte sich die Wellen ziemlich genau angesehen, bevor er sich reinwagte. Welle für Welle bekam er Cyclops besser in den Griff. Schließlich ließ er sich in die größten Wellen des Tages ziehen, und spätestens nach der auf diesem Foto war klar, dass es Marks großer Tag war.«

DIE PERFEKTION DES PAZIFIKS

P-Pass, Nordpazifik

Foto: Stu Gibson

So eine Perfektion gibt es selten. Als ich dieses Bild den beiden weit gereisten Pros Joel Parkinson und Mick Fanning zeigte, diskutierten wir lange, wo diese Aufnahme entstanden sein könnte. Wir kamen zu der Einsicht, dass die Welle auf ein Korallenriff brechen musste, entweder Rifles oder Rags Right. Wie sich zeigen sollte, lagen wir mit dem Tipp einen ganzen Ozean daneben. »Die Antwort lautet: P-Pass«, erklärt Fotograf Stu Gibson, der Glückliche, der in diesem Moment vor Ort war. »Gemeinsam mit meinem Kumpel Ben Wilson, einem Kiter, war ich an dem Tag bei P-Pass. Gewöhnlich weht da um diese Jahreszeit ein kräftiger Wind. Aber an diesem Tag war kein Hauch zu spüren. Schlecht zum Kiten, aber perfekt zum Wellenreiten, was wir dann auch taten. Die Wolken blockierten den Wind an diesem Tag komplett. Das Camp war zu dem Zeitpunkt eigentlich ziemlich voll. Aber ein paar Jungs hatten schon ihre Boards gebrochen, und andere waren einfach schon fertig. So hatten wir den Spot fast für uns alleine.«

Erst seit fünf Jahren ist diese Welle unter Surfern bekannt. Aber sie ist schon eine echte Berühmtheit, und das zu Recht. Viele Surfer, die hier waren, meinen, dass sie eine der besten Rechtswellen der Welt ist. »Das ist das beste Foto, das ich je geschossen habe«, schwärmt Stu. »Ich habe es bei mir zu Hause an die Wand gehängt.« Stu ist Goofyfooter und hat sich sogar überlegt, das Bild spiegelverkehrt auszudrucken, um aus P-Pass den besten Lefthander weltweit zu machen. »Man wird ja mal darüber nachdenken dürfen ...«

DIE AUGEN DER SCHLANGE

Mick Fanning & Ben Dunn, Duranbah *Foto: Peter »Joli« Wilson*

An diesem Tag schwammen ein paar mächtig dicke Fische im Teich. 20 der weltbesten Surfer, 50 weitere gute Schlitzer sowie eine große Horde Freizeitsurfer tummelten sich an einem Strandabschnitt, der gerade mal so lang wie ein Fußballfeld war. »Das war in 20 Jahren der beste Tag, den ich in D-Bah erlebt habe«, berichtet ein Local. »Und es passierte ausgerechnet in der Woche, in der all diese Jungs in der Stadt waren.« Duranbah Beach ist der letzte Strand in NSW-Richtung. Der unterschätzte kleine Bruder von Superbank, der gleich hinter der Düne liegt. Doch an diesem einmaligen Tag zeigte Duranbah sein ganzes Potenzial. Bedauerlich für die Gold-Coast-Locals war nur, dass dieses historische Ereignis genau auf den Tag fiel, an dem der Tross der Pro Tour angerückt war.

Noch am Vortag präsentierte sich D-Bah chaotisch und unsurfbar. Das konnte jeder, der von der Düne an Point Danger einen Blick riskierte, sofort erkennen. »Direkt nach dem Aufstehen checkte ich in den ersten Sonnenstrahlen die Situation in D-Bah«, sagt Local Dean Morrison. »Es sah aus, als würden die großen Wellen alles irgendwie wegwaschen. Aber es gab auch schon die eine oder andere Welle, die gut lief. Ich wusste, dass es mit auflaufendem Wasser besser werden würde. Ich würde die Wellen bestimmt zwei Stunden für mich haben, bevor die ganzen anderen hier auftauchen würden«, meinte Deano.

»Wo wart ihr?«, grinste Deano seine Tourkollegen an. In nur zwei Stunden hatte sich D-Bah von null auf hundert gesteigert. Gegen acht Uhr rollten die Wellen in D-Bah, und jeder wusste Bescheid.

Es war eine große Show. Über drei Peaks verteilt, liefen hervorragende Linkswellen und dazwischen ein paar ordentliche rechte. Wenn man Richtung Süden zum Strand von Lovers Rock schaute, sah man am laufenden Band zwei bis drei Tubes brechen. Ihre dunklen Hohlräume sahen wie die Augen einer Schlange aus. Doppelte Barrels – so wie diese mit Mick Fanning und Ben Dunn im Bild – waren an dem Tag nichts Außergewöhnliches. »Ich sah bis zu drei Typen in einer einzigen Welle«, brüllt Taj Borrow seine Begeisterung heraus. »Einen besseren Beachbreak habe ich noch nie gesurft!«

An dem Tag war es wesentlich leichter, die Jungs zu nennen, die nicht draußen waren: Parko musste seinen Nachwuchs hüten. Andy Irons lag nach seinem bösen Abgang in Snapper Rocks am Vortag bandagiert wie eine Mumie im Krankenbett. Occy war noch verkatert vom World-Champions-Bankett am Vorabend. Und Bruce Irons hatte man erklärt, dass es weiter unten deutlich besser brechen würde. Allen wurde später von dem legendären Tag berichtet, was die Jungs natürlich nicht hören wollten.

DIE WASCHSTRASSE

Skeeta Derham, Westaustralien

Foto: Tungsten

DIE WASCHSTRASSE

Skeeta Derham, Westaustralien

Foto: Tungsten

»Das war meine erste Welle an dem Tag«, erinnert sich Unglücksrabe Peter »Skeeta« Derham an den schrecklichen Moment nach seiner freudigen Siegesgeste. »Ich blickte nach oben, und alles, was ich sehen konnte, war ein monströser Wasserberg, bereit, mich wegzufegen. Rohan Annesley hatte mich mit dem Jetski reingezogen, und ich erinnere mich noch, dass ich dachte, wir sind zu tief. Die Welle wurde immer dicker, und wir waren schon richtig schnell, als ich reinging. Als ich losließ, sah ich, wie die Welle über mindestens 50 Meter anfing zu brechen. Da dachte ich, sogar noch ich hätte ein Chance, das zu schaffen ...«

Die Südecke von Westaustralien wird regelmäßig von Stürmen aufgewühlt. Aber Wellen wie an dem Tag sieht man hier trotzdem nicht oft. Manche Locals sprachen gar von dem größten und cleansten Swell, der je an diese Küste gerollt kam. Das schrie geradezu nach einigen Irren wie Skeeta. »Dieser Tag war unglaublich aufregend. Das hat mein Surfen weit nach vorne gebracht. Ich war an meinem Homespot in Victoria schon eine Weile am Towsurfen. Allerdings waren dort die Wellen nie höher als zwölf Fuß. Da war es schon fantastisch, bis nach Westaustralien zu touren und solche riesigen Wellen zu surfen. Sobald wir morgens im Lineup ankamen, war mir klar, dass ich noch nie so große Wellen gesehen hatte. Genau das wollte ich. Ich war glücklich, hier zu sein, und noch glücklicher, als mein alter Kumpel Rohan mich direkt in ein Megateil zog.

»Als ich aus dem Wellental hochguckte, sah ich mitten über mir die brechende Welle. Ich hätte meinen Kopf bis zum Anschlag in den Nacken legen können und hätte doch nicht mehr als die Hälfte dieser Monsterwelle gesehen. Und das war noch eine der kleineren. Mir wurde erst später auf den Fotos klar, wie groß die Wellen wirklich waren. Als ich sah, wie die Lippe auf mich runterrauschte, wusste ich, dass es übel ausgehen könnte.«

Skeeta beschreibt die darauf folgenden 30 Sekunden: »Die Welle klatschte ungebremst auf den hinteren Teil meines Boards. Ich wurde in die Luft katapultiert. Etwa zehn Sekunden fühlte ich mich wie schwerelos und wirbelte durch die Luft. Ich dachte schon, dass es gar nicht so schlimm wird. Dann wurde ich unter Wasser gerissen. Meine Ohren schmerzten von dem starken Druck. Ich muss unglaublich tief unter Wasser gewesen sein. Meine Arme und Beine wurden unkontrolliert durch die Gegend geschleudert. Es war extrem laut da unten. Und ich weiß noch, wie ich unter Wasser vor Entsetzen und Verzweiflung geschrien habe. Irgendwann öffnete ich meine Augen und sah, wie ich unaufhaltsam in immer neue Wasserstrudel gerissen wurde. Ich hatte Glück und schaffte es, in einer Wasserblase einen kurzen Atemzug zu nehmen. Schließlich war ich so tief unten, dass es dunkel und leise wurde. Ich begann nach oben zu schwimmen. Das fühlte sich wie eine Ewigkeit an. Aber schließlich tauchte ich mithilfe meiner Weste auf. Und direkt vor mir war die zweite Welle aus dem Set. Ich holte hektisch Luft und dann begann das Ganze von vorne.

Wenn ich die Bilder heute sehe, muss ich über mich selbst lachen. Das war die größte Welle meines Lebens, und ich hab's nicht geschafft. Ich wollte eigentlich nicht nur geradeaus schießen. Aber ich konnte nichts anderes machen. Da dachte ich mir, ich gebe immerhin noch mal ein Lebenszeichen von mir, bevor mich das Teil einpackt.

HOT LUNCH

Dave Sparkes, North Coast

Foto: Dave Sparkes

»Kennt ihr die Listen voller Regeln, die euch vor einem Haiangriff bewahren sollen? Tja ... ich habe wohl schon jede dieser Regeln missachtet«, gesteht Surffotograf Dave Sparkes und lacht. Lachen kann er aber erst jetzt darüber. »Es war früh am Morgen, bewölkt, und es nieselte. Das Wasser war gerade vollständig abgelaufen.
Es gruselte mich schon, als ich an dem Morgen rauspaddelte. Aber das unbehagliche Gefühl kannte ich bereits. Ich hatte schon immer eine Paranoia vor Haien. Ich habe schon Dutzende beim Surfen gesehen und vier an diesem Spot.
Also wollte ich es an diesem Tag nicht überbewerten und paddelte wacker los. Das Dutzend Rückenflossen, das ich beim Surfen sehen konnte, versuchte ich auszublenden. ›Nur ruhig bleiben. Die tun nix!‹ Bis sie es schließlich doch tun und man Opfer einer Attacke wird. Der Moment, bevor es passiert, fühlt sich an wie ein schüttelnder Fieberkrampf. Mit Wiedereinsetzen der Tidenbewegung wittern die Biester ihre Gelegenheit und positionieren sich im Wind, so nehmen sie jede Fährte Frischfleisch auf. Keine Chance!
An diesem Morgen war keiner auf dem Wasser. Mein Buddy Gav war aber so heiß aufs Surfen, dass für uns kein Weg an einer Session vorbeiführte. Jeder von uns schnappte sich eine Welle. Gav setzte sich in Gleitfahrt auf sein Brett. Ich war 15 Fuß hinter ihm. Lehnte mich vorn über und war im Begriff, rüberzusteigen, als mich ein Rütteln aus der Balance brachte. Erst dachte ich, auf Grund gelaufen zu sein. Oder eine Riffkante erwischt zu haben. Aber als ich mich umdrehte, sah ich dem Grauen auf 40 Meter in die Augen: Ein Hai. Vor lauter Schreck katapultierte ich mich aus dem Wasser und schrie um Gavs Hilfe. Er rief nur, dass eine riesige Finne mein Brett umkreist. Und dann war sie weg. Ich kletterte hastig auf mein Brett und wartete, dass der Hai sein Werk zu Ende bringen würde. Gelähmt vor Angst. Ich schrie Gav noch mal zu: ›Haiiiiiiii!‹ Er lachte nur und paddelte fröhlich in die nächste Welle. Ich verpasste sie, weil ich nur noch meine Fingerspitzen ins Wasser hielt. Schließlich lag mir was an meinen Gliedmaßen. Der Schreck saß tief. Als Gav die Welle ritt, schrumpfte ich auf meine halbe Größe zusammen. Es war der blanke Horror! Ich kreischte in einer Tour fünf Oktaven höher, bis er endlich aus der Welle ausstieg und wartete, bis ich aufgeholt hatte. Gemeinsam schnappten wir uns die nächste Welle Richtung Strand.
Ich hatte gerade Sand unter den Füßen, als ich die Bissspuren in meinem Brett entdeckte. Schwein gehabt! Mein Brett hat mir das Leben gerettet.«
Sparkesy wurde an jenem Tag von einem jungen zehn Fuß großen Weißen Hai attackiert. Das ergab die Untersuchung der Bissspuren. Das war der Anfang von Sparkesys Haiexperten-Karriere. Seit der Attacke hat sich der Fotograf zu einem der führenden Haikenner gemausert. Keine Verhaltensregel und kein Sicherheitshinweis, den er nicht im Umgang mit Haien kennt. Bis heute kreist dieser Weiße Hai durch seine Gedanken.
»Ich wusste, ich muss lernen, mich zusammenzureißen. Immerhin verdiene ich meinen Lebensunterhalt damit, in gefährlichen Gewässern zu sein. Ich hatte keine Alternative, außer der Eröffnung eines eigenen Feinkostladens in Cessnock vielleicht. Seit der Attacke ist ein Jahr vergangen. Bis heute gehe ich nicht alleine surfen, wenn es bewölkt ist. Und auch bei schönem Wetter gehe ich nur seeeeeehr ungern allein aufs Wasser. Dann bin ich so nervös und flink wie eine Katze auf dem heißen Blechdach. Und das, obwohl sich die Erinnerung an den Angriff langsam verzerrt. Wenn ich darauf angesprochen werde, erzähle ich jedem etwas anderes. Nicht böswillig. Mein Hirn verdrängt es und lässt nur die für den Moment erträgliche Wahrheit aus dem Mund. Das kann ich nicht steuern. Teilweise weiß ich nicht mal mehr genau, ob ich den Hai tatsächlich selbst gesehen habe. Ich kann mich noch sehr gut an ein Gespräch mit Bethany (Hamilton) zu dem Thema erinnern. Sie hat den Hai, der ihr den Arm abgebissen hat, nie gesehen. Glaubt sie. Dabei war es ein 14-Fuß-Tigerhai. Klar kann man unsere Haierlebnisse nicht wirklich miteinander vergleichen. Aber Fakt ist, dass wir beide uns nicht klar daran erinnern können, ob wir den angreifenden Hai überhaupt gesehen haben.«
Sparkesy fühlt sich nicht wie jemand, der dem Tod gegenübergestanden hat und doch noch mit einem blauen Auge davongekommen ist.
»Das Einzige, was dein Gefühl von Unverwundbarkeit nach solch einer Todesnähe schmälert, ist der Typ aus Südaustralien. Dieser Sharkbait-Typ wurde zweimal übel von einem Hai gebissen und hat überlebt. Er schien unzerstörbar, bis ihn ein Auto angefahren hat und er schließlich doch starb. Es scheint, als hätte Gott ihn unbedingt zurückhaben wollen. Gegen den ›coolen‹ Abgang hat er sich gewehrt. Also musste der Truck dem diesseitigen Leben ein Ende setzen.«

SCHICHTWECHSEL

Dean Morrison, Pipeline *Foto: Tim Jones*

Im Dezember ist Pipeline alles andere als ruhig. Meistens drängeln sich extrem viele Surfer aus der ganzen Welt im Lineup. Dabei fallen besonders die Hawaiianer ins Auge, also die, die Bescheid wissen, und die, die keinen Plan haben. Sie alle haben eins gemeinsam: Sie wollen Teil einer legendären Geschichte in Pipeline werden. Die Welle allein kann deiner Gesundheit schon arg zusetzen. Auch ohne die Masse an Surfern. Selbst die weltbesten Surfer setzen an großen Tagen lieber mal aus und schauen vom Strand aus zu. Aber wie so oft fand ausgerechnet Dean Morrison einen besonderen Moment in all dem Wahnsinn.

»Das ist ein verrücktes Bild«, sagt der Gold-Coast-Surfer. »Es war im Dezember. Dabei sieht es aus, als wäre es Februar, wenn nur noch Locals die Welle für sich beanspruchen und alle anderen in ihre Heimat zurückgedüst sind. Normalerweise ist dieser Spot im Dezember, wenn die Pro Tour hier ist, besonders voll.«

Es war kein Zufall, das Deano diese Welle bekommen hat. Er kennt sich hier gut aus. Regelmäßig zieht es ihn an Hawaiis North Shore. Aus zwei Gründen: wegen seiner hawaiischen Freundin Alana und wegen der Wellen von Backdoor Pipeline. Er wohnt jedes Jahr für mehrere Monate im legendären Gerry Lopez Haus. Seine Freunde nennen ihn deshalb »Maussie« – halb Moke (also Einheimischer), halb Aussie. Und obwohl Pipe immer von den Locals dominiert werden wird, hat Deano eine Nase dafür, sich stets ein paar gute Wellen zu greifen. »Ich liebe es, auf der Veranda zu sitzen und das Geschehen von dort erst mal zu beobachten. So sieht man die kleinen Lücken im überfüllten Lineup. Man kann dann direkt losrennen und sie sich schnappen.

An diesem Tag war es viel größer, als es auf dem Bild aussieht. Auf dem zweiten Riff liefen zehn Fuß hohe Wellen, aber zwischen den großen Wellen kamen immer wieder kleine perfekte Sets Richtung Backdoor Pipe reingelaufen. So, wie man es auf dem Foto sehen kann. Ich musste einfach warten, bis ein großes Set durchgelaufen war, und direkt danach paddeln, was das Zeug hält, und mir eine von den kleinen Schönheiten holen. Man konnte da aber nicht entspannt sitzen und warten. Sonst hätte ich riskiert, dass mir ein dickes Set vom zweiten Riff auf den Kopf klatscht.«

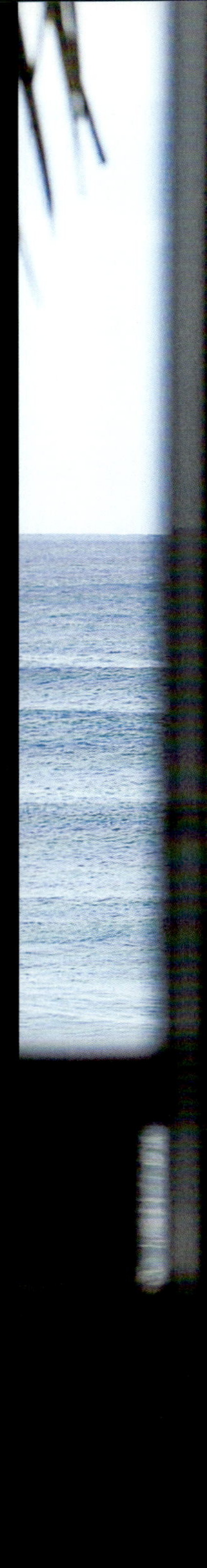

BLUFF

Marty Paradisis, Shipstern Bluff
Foto: Andrew Chisholm

BLUFF

Marty Paradisis, Shipstern Bluff

Foto: Andrew Chisholm

Das war ein echter Titanic-Moment, den Andrew Chisholm da erlebte. Hoch oben über Shipstern Bluff. »Leute, die dieses Bild zum ersten Mal sehen, denken, ich habe es vom Heli aus geschossen«, holt Andrew aus, »dabei habe ich es hoch oben vom Kliff aus gemacht. Von dort aus habe ich schon oft fotografiert. Die Perspektive von da oben ist einfach super. Es ist aber nichts für Leute mit Höhenangst. Rechts und links neben mir ging es 200 Meter senkrecht nach unten. Wer den Mut hat, kann sich da direkt an die Kante stellen und hinunter auf die Welle schauen. Für dieses Bild musste ich meine Kamera über einen Meter über die Kante halten. Aber es ist eben einfach ein unfassbarer Blick von da oben. Man sieht die ganze Outline des Riffs, die chaotischen weißen Linien der brechenden Wellen, besonders an einem so sauberen Tag. Von da oben hat man auch den perfekten Ausblick auf die anrollenden Sets und kann die Jungs da unten mit Pfiffen und durch Winken genau an die richtige Stelle dirigieren.«
Das Einzige, was einen von der Antarktis trennt, wenn man ganz unten in Australien auf den Felsen von Shipstern Bluff steht, sind die unermesslichen Weiten des Südpazifiks. Wenn man sich im großen Ganzen des Universums mal so richtig unbedeutend fühlen möchte, ist man da unten genau richtig. Und was die Welle von Shipstern angeht: Nun ja, viel ursprünglicher und gewaltiger kann ein Surfabenteuer wohl kaum sein.
»Das war einer der besten Tage, die wir dort je erlebt haben«, erinnert sich Chisholm, der nach fünf Jahren regelmäßiger Besuche diesen Spot sehr gut kennt. Gemeinsam mit einigen Surfkollegen aus Tasmanien hat er diese Welle zu seinem Lieblingsspot auserkoren. »Eigentlich waren an dem Tag westliche Winde vorhergesagt, sodass viele Surfer vom Festland lieber zu Hause blieben. Aber stattdessen wehte eine leichte Brise aus Nordost und bescherte uns so super glassy Wellen. Diese Wetterkonstellation schaffte eine Zone mit extrem glatten Wellen. Das kommt hier nicht oft vor. Normalerweise spielt das Wetter an Shipstern Bluff nicht so gut mit.«
»Es ist ziemlich schwierig, hier die richtigen Bedingungen zu erkennen«, erzählt Chisholm. »Noch vor ein paar Jahren machten wir den Weg nach Shipstern bestimmt in der Hälfte aller Fälle vergeblich und mussten umkehren. Heute sind wir uns unserer Sache bedeutend sicherer. Wir haben inzwischen viel über die Welle gelernt. Früher wussten wir zu wenig über den Spot, hatten alle kaum Geld und keine guten Jetskis. Aber selbst heute, wo unsere Trefferquote schon sehr viel besser geworden ist, gibt es immer noch Tage, an denen nichts zu holen ist. Man weiß es einfach nie. Und an diesem Tag dachte ich eigentlich, es würde klein und überschaubar sein. Und dann überraschten uns diese 15-Fuß-Bomben.«
Die tasmanische Surfgeschichte kann man in zwei Epochen teilen: vor und nach der Entdeckung von Shipstern Bluff. Bevor die ersten Fotos der mächtigen Welle von Shipstern Bluff in der Surfwelt auftauchten, war Tasmanien für Surfer quasi ein weißer Fleck auf der Landkarte. »Hier unten«, holt Chisholm aus, »hatte niemand auch nur ansatzweise Interesse an den tasmanischen Spots, bevor Shipstern entdeckt wurde. Diese Welle ist einfach das Ultimum in Tasmanien. Surfer, die hier eine gute Show zeigten, starteten damit ihre Surfkarriere: Marty, Brennan, die Holmers-Brüder, Gibbo und auch ich selbst. Aber bewiesen, dass man hier surfen kann, hat damals eindeutig Andrew Campell. Alle anderen sind dann später in seine Fußstapfen getreten.«
Das Unheimliche an der Shipstern-Welle ist, dass noch niemand ihr volles Potenzial gesehen hat. Auch dieses Bild zeigt möglicherweise nur einen Teil der Möglichkeiten dieses Spots. »Wir haben den Spot noch nie bei einem wirklich großen Swell gesehen«, stellt Chisholm fest. »Bisher gab es noch keinen dokumentierten Tag, an dem ein Acht-Meter-Swell aus Norden anrollt. Aber ich lege meine Hand dafür ins Feuer, das dieser Tag in den nächsten fünf Jahren kommen wird. Dann können hier 30-Fuß-Brecher aufs Riff donnern. Niemand weiß bislang, was an diesem Spot wirklich abgehen kann.«

DER TEAHUPOO-MANN

Mick Fanning, Teahupoo *Foto: Peter »Joli« Wilson*

»Es ist nur schwer zu glauben, dass einer der besten Surfer der Welt auch gleichzeitig einer der schlechtesten sein kann.«

»Das ist gar nicht so leicht, wie es aussieht«, rechtfertigt sich Mick Fanning für diesen etwas verunglückten Auftritt. »Tatsächlich ist es wesentlich leichter, hier richtig gut zu surfen, als die Welle so zu surfen. Da musste ich viele Jahre hart dran arbeiten.« Es stimmt also: Auch bei wirklich guten Surfern kann es mies aussehen!

Mick schafft es immer, dass man ihm gerne zusieht. Egal, ob er mit Ernst bei der Sache ist oder ob er den Affen macht wie auf diesem Bild. Da kommt es schon mal vor, dass er einen genialen Acht-Sekunden-Tuberide bei schönstem Sonnenuntergang mit so einem Cutback ruiniert. Auch wenn in solchen Momenten das Chaos vorzuherrschen scheint, sein Wahnsinn hat System!

Und wie schafft er es, so unfähig auf dem Brett zu stehen? Ganz einfach: Erstens stehen die Beine schön weit auseinander. Ein Fuß steht auf der Nose, der andere auf dem Heck. Zweitens wird die Pomuskulatur beinahe bis zum Zerreißen angespannt. Und drittens werden die Hüften mit heftigem Zucken in Szene gesetzt. Dazu ein möglichst schwachsinniger Gesichtsausdruck und natürlich der berühmte Griff in den Schritt.

»Dieses Bild entstand in einer frustrierenden Freesurf-Session in Teahupoo, als Mick kaum eine Welle bekam«, erinnert sich Joli. »Vor dem Contest kann es selbst für Topsurfer wie Mick schwierig sein, da draußen Wellen zu bekommen. Dann ist es auch wesentlich voller als normal. Im Vorjahr war Mick extra einen Monat früher angereist, um draußen ein paar Wellen abzugreifen und sich an den Spot zu gewöhnen. An diesem soliden Sechs-Fuß-Tag gelang es ihm nur, diese kleine Drei-Fuß-Welle zu surfen. Da dachte Mick sich wohl: »Mir doch egal! Ich brauche dieses Machogehabe ›wer kriegt hier zuerst die Welle‹ nicht mehr. Versucht ihr alle mal lieber so eine Show!«

RIP CURL
REEF
Red Bull

DER SPIEGEL

Lance's Right, Indonesien

Foto: Nathan Smith

»Dieser Spot wird nur ›das Studio‹ genannt«, erklärt Fotograf Nathan Smith. »Es ist eine der am meisten fotografierten Wellen der Welt. Und dennoch zeigt sie immer wieder neue Seiten. Zum Beispiel, wenn die Sonne untergeht. Diese Stunde am Tag heißt ›Lemon Light‹. Dann färbt sich das Wasser erst gelb, dann orange und schließlich rot.

»Die meisten Surfer lieben solche Fotos. Diese Bilder lassen sie von Plätzen träumen, an denen sie gerne wären. Für einen Wasserfotografen sind solche Bilder ein echter Hauptgewinn. Mich fasziniert besonders die Beschaffenheit der Lippe«, schwärmt Smithy. »Alles ist spiegelglatt. Man kann genau jeden Punkt auf der Wasseroberfläche erkennen, wie Öl oder Glas. An diesem Tag wehte kein Lüftchen. Totale Windstille. Man hörte sogar die Moskitos da draußen. So still war es. Die Form der Lippe hat viel mit dem Meeresgrund darunter zu tun. Wellen, die über Sand laufen, sehen nicht so detailstark aus. Wenn die Welle hingegen über ein Riff bricht, spiegelt sich fast jedes Detail. Wie eine Originalkopie. An dem Abend war das Wasser extrem flach. Das Wasser in der Lippe kam also direkt vom Riff. Das war echt abgefahren.«

»Ein weiteres Detail ist unser wartendes Boot im Hintergrund. Stell dir vor, du hast einen perfekten Ritt in diesem bezaubernden Licht hinter dir. Du paddelst mit ein paar Zügen rüber zum Boot, um dir auf dem Boot ein Bierchen zu genehmigen. Wie könnte es besser sein? Man hat ein fantastisches Gefühl nach so einem Tag mit perfekten Wellen.«

HERR DER FLIEGEN

Red Bluff, Westaustralien *Foto: Dean Dampney*

»In ganz Australien gibt es keinen anderen Spot, der sich den Titel ›Pointbreakmetropole‹ geben darf«, holt Fotograf Dean Dampney aus. »Alle sitzen sie da am Strand und sehen sich die Action auf dem Wasser an. Es ist genauso interessant hier am Strand zu sitzen wie im Lineup. Letzteres ist vielleicht etwas aufregender!«

»Die Fliegen an dem Ort können je nach Jahreszeit sehr groß werden. Und ich erinnere mich noch genau an dieses Pärchen, dass in Moskitonetze gehüllt am Strand auftauchte. Ich glaube, sie mochten diesen Look. Ich denke, der Junge stand auf das Mädel. Die einzige Chance, zumindest etwas mit ihr zu reden, waren dann wohl diese Netze vorm Gesicht. Sonst wären ihnen die Fliegen direkt in den Mund geflogen. Einen solchen Aufzug habe ich vorher da noch gar nicht gesehen. Aber es scheint, dass es damit gut geklappt hat.«

»An diesem Fleckchen ist Australien so urtypisch, wie es nur geht. Das zeigt sich immer wieder an den Menschen, die sich hier niederlassen. Auch wenn man all diese Leute auf einer sandigen, felsigen Insel aussetzen würde, hätte man am Ende doch ein blühendes Land. Und genau das ist das Schöne. Die Leute hier verschmelzen zu einer ganz harmonischen Gemeinschaft. Es sind Fischer, Surfer, Familien oder einfach nur Menschen auf der Durchreise. Es gibt welche, die jedes Jahr für etwa sechs Monate kommen, und andere, die dort auch überwintern. Aber der Großteil bleibt hier für zwei bis drei Monate. Das kann schon auch eine lange Zeit sein, wenn man nichts anders macht als surfen, angeln und Bier trinken. Ja, man kommt sich hier schon schnell näher, richtig schnell.«

»Das ist fast eine spirituelle Erfahrung hier«, betont Deano die magische Aura des Spots. »Innerhalb kürzester Zeit lässt du alles los, egal was es war. Dein Weg führt dich hier back to the roots! Du merkst, dass du eigentlich nur Wellen, Essen und Wasser brauchst. Und dann kommst du in den Genuss, zwei Wochen am Stück diese tollen Wellen zu reiten. Das bringt dich in eine ganz neue Dimension.

Mir fällt es sehr leicht, meine Einflüsse aus der Stadt hinter mir zu lassen. Aber der Weg runter zum Camp braucht schon so seine Zeit. Am Anfang zählst du die Tage ohne die gewohnte Dusche, aber dann stellst du langsam fest, dass du das gar nicht brauchst. Auch Dreck fühlt sich irgendwie sauber an. Auch wenn du

HERR DER FLIEGEN

Red Bluff, Westaustralien

Foto: Dean Dampney

weißt, dass das Unsinn ist. Es wird alles zu einer großen, aber schönen Illusion. Wenn an einem Tag mal keine Wellen waren, gab es diverse Möglichkeiten, sich die Zeit zu vertreiben. Die erste hieß Turtles. Ein Spot ganz in der Nähe, der als Lückenbüßer ganz gut taugt. Ansonsten beschäftigten wir uns mit der zweitwichtigsten Sache nach den Wellen, mit Essen. Wir waren regelrecht im Kochwahn, testeten alle erdenklichen Rezepte und traten am Ende sogar in Koch-Duellen um den Titel ›Iron Chef‹ an. Es gab die Kategorien Hauptspeise und Dessert. Wir kochten zum Beispiel alles, was das Meer hergab, in Bierteig. Dann ging's an den Nachtisch. Meine ausgeklügelten Mischungen aus Honig, Bananen und Sultaninen waren einfach unschlagbar lecker. Dabei war die ganze Kocherei an sich total absurd: Da befindet man sich in der Wildnis und feiert die Freiheit und die Befreiung von Normen, um dann doch wieder etwas Zivilisation in die Wildnis zu bringen. Und nicht einfach wie beim normalen Abenteuercamping, bei dem jeder versucht, mit zwei Stöcken Feuer zu machen. Nein, wir machten eben eine ganz große Kochshow. Wahrscheinlich liegt es an den Aussies, die an dem Spot rumhängen. Sie schaffen es immer wieder, die Fantasie von jedermann so zu entfachen.«

WELLE DES TEUFELS

Cyclops, Westaustralien *Foto: Andrew Buckley*

»Als wir abends zurück ins Hotel kamen und neugierig meine Fotos auf den Rechner luden, war die Begeisterung kaum in Worte zu fassen«, erinnert sich Andrew Buckley. »Es sieht dramatisch aus, wie Cyclops bricht. Auf dem Face werden die absurdesten Formen und Facetten sichtbar. Es sah nach Adlern, Neptun oder dem Teufel höchstpersönlich aus. Die Formen waren so klar, dass jeder dasselbe erkannte. Nicht wie mit einem Himmel voller Schäfchenwolken, in denen jeder etwas anderes zu sehen meint. Hier sah wirklich jeder das Gleiche.« Ein Tag in Cyclops kann einen ganz schön verändern. Es ist, als würde der Geist dort den Körper verlassen, und so zweifelte ich zunächst an meiner Wahrnehmung. Aber die Jungs sahen wirklich das Gleiche in dem Bild wie ich: ein Gesicht. Und zu Jesus gehörte es sicher nicht. »Die Nase, das Kinn, ein Auge und vor allem das Horn. Das ist das Gesicht des Teufels«, beschreibt Buckley seine gewagte Theorie. »Es passt einfach alles zusammen. Wo sollte der Teufel sonst surfen gehen, wenn nicht in Cyclops.«

»Es war mein erstes Mal in Cyclops. Ich hatte natürlich vorher viele Fotos gesehen, aber vor Ort musste ich feststellen, dass einen nichts auf diese Welle vorbereiten kann. Das laute Donnern und ihre Brutalität, wenn sie bricht. Das war schon fast surreal. So eine Welle habe ich noch nie gesehen. Unsere Fotosession zog sich über den ganzen Morgen. Dann verletzte sich Koby (Abberton) bei einem Sturz auf dem Riff, und die Aktion musste unterbrochen werden, um ihn zum Nähen ins Krankenhaus zu verfrachten. Ich musste im Wasser zurückbleiben. Kein Platz mehr auf dem Jetski. Ich machte das Beste daraus und fotografierte die leere Welle. Es war absolut beeindruckend, diese gewaltige Welle zu beobachten.«

Ein teuflisch gutes Gefühl? Oder war Satan an dem Tag tatsächlich mit draußen in Cyclops? »Aufgrund des sonnigen Wetters habe ich an dem Morgen nicht eine Sekunde an Haie gedacht. Zumindest nicht bis zu diesem Foto. Dann ging die Sonne langsam etwas weiter runter, und ich konnte nicht mehr auf den Meeresboden sehen. Sobald man unter sich nichts mehr sieht, wird einem schnell mulmig. Hätte sich der Himmel auch noch zugezogen, hätte ich wahrscheinlich panisch versucht, an Land zu kommen. Aber so hatte ich ein recht gutes Gefühl. Keine Seehunde oder sonstigen potenziellen Beutetiere in Sicht. Da dachte ich mir, das geht schon in Ordnung. Erst später wurde mir bewusst, dass es da wahrscheinlich keine Seehunde gab, weil vermutlich ein gigantischer Hai unter mir seine Runden zog. Am Ende stellte sich dann aber heraus, dass die Seehunde die ganze Zeit da gewesen waren. Sie lagen auf der anderen Seite der Insel gemütlich in der Sonne. In Sicherheit und in großer Entfernung zu Cyclops.«

DIE JAHRTAUSENDWELLE

Laird Hamilton, Teahupoo *Foto: Sean Davey*

Das Schönste an diesem Bild kann man gar nicht sehen. Denn was man hier nicht sieht, ist der beste Big-Wave-Surfer unserer Zeit. Als der Finger des Fotografen den Auslöser betätigte, befand sich Laird Hamilton etwa 20 Fuß unter dem Meeresspiegel. Er wurde fast begraben von diesem Monster. Zu dieser Zeit war das die unfassbarste Welle, die jemals auf der Welt von einem Surfer geritten wurde. Sie wurde später auch als die Millenniumwelle bezeichnet. Die Welle trieb sogar Laird die Tränen in die Augen, dem König der Big-Wave-Surfer und bekanntlich ein harter Bursche. Einer, der zum Spaß in seiner Heimat Hawaii mal eben von Insel zu Insel paddelt. Und man sieht und hört natürlich auch nicht den Fotografen Sean Davey, der mächtig geschimpft hat. Die Locals, die sein Boot in den Channel fahren sollten, mussten Letzteres leider reparieren, und so war Sean gezwungen, aus fast zwei Kilometern Entfernung vom Strand zu fotografieren.

»Ich war eigentlich mit ein paar anderen Jungs zum Fotoshoot auf Tahiti«, erinnert sich Davey. »Wir hatten mitbekommen, dass es an dem Tag in Teahupoo dicke Wellen geben sollte. Als wir ankamen, waren bereits einige Boote im Wasser, und unsere Jungs staunten nur: ›Mann, ist das fett!‹ Wir hatten noch keinen Plan, wer da draußen war. Keine Ahnung, dass es Laird war. Und bis heute weiß ich nicht den genauen Grund, wieso unsere Jungs da nicht rausfahren wollten. Ich denke, sie hatten herausgefunden, dass Laird draußen ein Shooting hatte, und wollten ihm den nötigen Respekt zollen und seine Session nicht stören. Offiziell behaupteten sie steif und fest, dass der Dieselfilter des Bootes kaputt sei. Ich war kurz vorm Durchdrehen. Ich schraubte den Doppelkonverter auf meine 300-mm-Linse und versuchte das Beste daraus zu machen. Und dabei ist dann echt ein cooler Shot entstanden. Ich fand es supercool zu wissen, dass irgendwo da unter dem Meeresspiegel vor dieser weißen Lawine Laird Hamilton surft. Allerdings wurde ich in meiner Freude schnell von der Realität eingeholt. ›Was hätte das bitte für ein noch fetterer Shot aus dem Channel werden können?‹ Wenn jemals ein Fotograf zur falschen Zeit am falschen Ort war, dann ich in diesem Fall!«

TIEFE EINSICHTEN

Skindog Collins, Puerto Escondido
Foto: Skindog Collins

TIEFE EINSICHTEN

Skindog Collins, Puerto Escondido — *Foto: Skindog Collins*

»Ich weiß schon nicht mehr, wie oft ich mit meinen Kumpels vor der Linse eines namhaften Fotografen gesurft bin. Klingt cool. Ist es aber nicht immer. Fotoshootings können auch echt nerven«, klagt der Kalifornier Ken »Skindog« Collins über sein Profidasein. »Wir wollen irgendwo surfen, aber der Fotograf will, dass du woanders surfst. Mal sind die Wellen perfekt, aber das Licht stimmt nicht. Meine Kumpels und ich sagen immer: ›Wenn wir mal 'ne ordentliche Kamera in die Finger bekämen, würden wir den Clowns von Fotografen zeigen, wie's geht!‹. Irgendwann haben wir dann genau das getan.«

Skindog glaubt fest daran, dass man Dinge selbst in die Hand nehmen muss, wenn sie funktionieren sollen. Und obwohl er mit dieser Einstellung einen Streit mit den Fotografen provoziert, kann er für beide Seiten sprechen: als Surfer und als Fotograf!

»Ich hätte niemals daran gedacht, Bilder von mir selbst zu schießen – bis ich dieses Equipment in den Händen hatte«, sagt Skinny. »Ich hielt die Kamera in der Hand, und da ging mir ein Licht auf. Ich dachte mir einfach, warum nicht einfach den Fotoapparat in der hinteren Hand halten und aus der Tube raus fotografieren? Auf meinem Korridor stellte ich mich aufs Board und machte einige Probeschüsse. Schnell hatte ich den perfekten Winkel parat, in dem man die Kamera halten musste. Und eine Woche später gab es in Puerto guten Swell. Ich rief meinen Bruder Dave Wassel auf Hawaii an. Er ist Lifeguard und ist mit mir in Mexiko schon einige Male auf dem Jetski unterwegs gewesen – der perfekte Mann für so ein Experiment. Meine größte Angst war es, von dem wasserdichten Fotogehäuse am Kopf getroffen und bewusstlos zu werden. Ein Lifeguard vor Ort erschien mir daher ein weiser Schachzug. Wenn man mit Kamera bewaffnet auf dem Jet durchs Lineup fährt, ist es wichtig, ruhig zu bleiben und überlegte Manöver zu fahren. Die kleinen Öffnungen am Gehäuse sind empfindlich wie ein offenes Auge. Schon ein kleinerer Spritzer kann das Ende der Fotosession bedeuten. Wir surften acht bis zehn Fuß in Puerto. Solange die Welle perfekt läuft, kann man auch in noch höheren Wellen fotografieren.«

Fette Actionbilder wie diese hier sind aber doch schwerer zu machen, als man denkt. »Es dauert lange, bis die richtige Welle kommt, in der alles passt. Man muss sehr geduldig sein. Man kann nicht die ganze Zeit den Strand hoch und runter jagen und nach Peaks suchen, weil man sonst zu viel Wasser auf den Sucher bekommt. Außerdem ist man ziemlich schnell kaputt, wenn man sich die ganze Zeit nur mit einem Arm ziehen lässt. Idealerweise wartet man auf die entsprechende Welle, lässt sich reinziehen und macht den Shot. Das sollte höchstens 15 Sekunden dauern. Wenn man die Welle kommen sieht, leckt man vorne das Glas sauber und gibt seinem Jetskipiloten Bescheid. Sobald man aus dem Wasser kommt, hält man das Gehäuse ins Wasser, um die Spucke wieder abzuwaschen. Geht man dann auf die Welle, muss man die Glasscheibe mit Objektiv aus dem Wind halten, damit sie nicht trocknet und sich keine Wassertropfen absetzen können. Jetzt muss man die Kamera so weit weg strecken, wie es nur geht, und zusehen, dass man sie auf eine Linie mit dem Horizont hält. Dann kommt das Schwierigste an der Sache: warten, bis die Lippe einschlägt, sonst hat man alle Fotos verschossen, ehe das beste Motiv kommt. Sobald die Lippe fast unten ist, drückt man den Auslöser und betet zu Gott, dass es funktioniert. Anschließend wird's richtig lustig. Wenn die Aufnahme beendet ist, muss man die Kamera auch mit der anderen Hand dicht an den Körper bringen, um sie zu schützen. Dabei wird man in der Regel ordentlich von der Welle verprügelt. Klarer Vorteil für den, der auf Schmerzen steht. Aber man muss eben ganz tief rein in die Tube, um ein fettes Ergebnis zu bekommen. Beachbreaks sind perfekt. Die Lippe muss schon weit vor einem runterkommen. In zwei Stunden bekommt man so vielleicht zwei oder drei Wellen zu fassen. Das ist mehr Arbeit, als man denkt. Ich habe unzählige geniale Surftage geopfert, um diese Bilder schießen zu können.«

Aber trotz aller Entbehrungen weiß Skinny natürlich, dass diese Bilder echte Diamanten sind. »Der beste Moment ist der, wenn man die Bilder vom Chip zieht und sich das Ergebnis ansieht. Kein Warten, dass irgendein Film geschnitten wird. Nur diese tollen Bilder. Wir bekamen eine Gänsehaut, als wir sie sahen. Und die Möglichkeiten sind quasi unbegrenzt. Wenn du dir eine Perspektive überlegst, kannst du diese auch irgendwie umsetzen.

MONTEZUMAS RACHE

Troy Brooks, Mexiko

Foto: Dave Sparkes

»Entweder du packst es ... oder eben nicht.«
So nüchtern fällt das Urteil von Dave Sparkes über Troy Brooks aus, der hier im Süden von Mexiko verzweifelt versucht hinauszupaddeln. Die Aussicht, durch solche Wellen rauspaddeln zu müssen, kann dir den Magen schneller umdrehen als die choleraverseuchten Tacos vom Vorabend.

Als der Tross der Pro Tour in Südmexiko das erste Mal aufschlug, rechneten die Surfer, nach dem, was sie bisher gehört hatten, mit einem kleinen, übersichtlichen Beachbreak. Aber mit Ankunft der Surfer rollte ein südpazifischer Swell heran, der die kleine Spaßwelle über Nacht in eine Art Godzilla aus Wasser verwandelt hatte.

»Das war der erste Tag, und der war richtig groß«, erinnert sich Sparkesy. »Man sah die Sets schon von weitem anrollen, man sah, wie sie sich am Horizont aufbauten. Kein schöner Anblick, wenn man schon auf halber Strecke nach draußen ist. Der Swell hatte aber eine recht große Periode. Es gab also Fenster, in denen es flach war und man gut rauskam. Man musste auf die letzte Welle des Sets und dann Vollgas geben. Wer das verschlief oder einfach Pech hatte, wurde innerhalb von 30 Sekunden kilometerlang den Strand runtergespült.«

Der Abschnitt, der einen da draußen erwartete, wurde »die Todeszone« genannt. Und die Section machte ihrem Namen alle Ehre: Acht Fuß hohe Wellen, die auf eine knietiefe Sandbank donnerten. Das Wasser spritzte hier bis zu 100 Fuß in die Luft. Wer von der Todeszone an der Strand gewaschen wurde, musste sich völlig erschlagen bei 40 Grad im Schatten zurück zum Ausgangspunkt schleppen und das Ganze erneut versuchen.

»Das Rauskommen ist aber nur die erste Herausforderung«, lacht Sparkesy. »Denn wenn du erst mal draußen bist, musst du auch eine Welle nehmen, um wieder rein zu kommen.«

DIE MÖWE »JAMIE«

Jamie O'Brien, Hawaii — *Foto: Bernard Testemale*

Okay, ehe die Hobby-Ornithologen sich darüber aufregen, dass es sich bei dem Vogel im Bild vielleicht eher um einen Albatross als eine Seemöwe handelt: Entschuldigung! Im Interesse der Poesie würde ich da aber lieber eine Seemöwe sehen. Danke.

Jeder, der das Buch »Die Möwe Jonathan« gelesen hat, ging danach hinaus in eine Welt ohne Grenzen. Die Geschichte von diesem kleinen Chips fressenden Teufelskerl, der wohl ungewöhnlichsten Möwe, seit es Möwen gibt, wurde für Millionen von Lesern zu einer Quelle der Inspiration. Jonathan wollte schneller, höher und weiter fliegen, in einer Möwengesellschaft, die solche Anwandlungen alles andere als toleriert. Er fragte nicht, warum, er fragte eher, warum denn nicht. Und es hat schon etwas Ironisches, dass die vermeintliche Seemöwe in diesem Bild ausgerechnet hinter Jamie O'Brien auftaucht, als der gerade seinen so ungewöhnlichen 180-Aerial rauslässt.

Es scheint, als hätten Jamie und Jonathan einiges gemeinsam. Genau wie Jonathan wollte Jamie immer schneller, weiter und höher hinaus. Der Hawaiianer betrat mit seinen Aerials, Flips, Kickflips und Switchmoves neuen Boden und ist bis heute ein Garant für ständig neue Move-Kreationen. Er widersetzte sich immer wieder den eingespielten Strukturen, um sein Ding zu machen, und zeigte keinerlei Interesse daran, sich im strengen Regelwerk der Welttour mit anderen zu messen. Und obgleich Jamie fast alles tut, um die Welt zu einem besseren Ort zu machen, so ist »er nur eine Möwe unter Millionen«, wie auch das Buch sagen würde.

DER TSUNAMI

Simeulue Island, Indonesien *Foto: Dave Sparkes*

Dave Sparkes wurde am Flughafen von Sydney von seiner Mutter abgeholt. Er hatte gerade einen Monat auf den Inseln vor Nordsumatra verbracht und dort die Auswirkungen des gewaltigen Tsunamis vom zweiten Weihnachtstag 2004 hautnah miterlebt. Er stieg ins Auto, kurbelte das Fenster runter und brach in Tränen aus. Nun, da er sich wieder im sicheren Australien neben seiner Mutter befand, wurden ihm der ganze Horror und das gewaltige Leid, das er dort gesehen hatte, erst richtig bewusst.

Das Epizentrum des Bebens, das die gewaltige Welle ausgelöst hatte, befand sich nördlich der Insel Simeulue, einem winzigen Flecken, den man nur auf manchen Karten findet, hauptsächlich auf denen von Surf-Charter-Organisatoren. Die Inseln südlich von Simeulue zählen zu den wellenreichsten der Welt und zu den ärmsten. Wenn zehn Fuß hohe Riesenwellen fast ungebremst auf die Inseln stoßen, haben die Bewohner oft keine Chance. Und da die indonesische Regierung hauptsächlich auf den Schutz des Hauptlandes achtet, bleiben die kleinen Inseln auf sich allein gestellt – zumindest fast.

Die Surfwelt verdankt dieser Region sehr viel. Viele Surfer hatten hier die besten Wellen ihres Lebens. Da war es an der Zeit, etwas zurückzugeben. Wohltätige Surfprojekte wurden initiiert und einige Surfboot-Skipper gaben Hunderttausende Dollars aus eigener Tasche dazu, um Rettungsboote mit Notfallausrüstung auf die Inseln zu bringen. Diese Boote, die vom Festland von Padang aus losfuhren, waren für viele Bewohner die einzige Hilfe, die sie erhielten.

»Im Zuge meiner Recherche kamen immer mehr schreckliche Details an die Oberfläche. Das hätte man niemals alles aufschreiben können«, erinnert sich Dave Sparkes an seine Mission. »Ich wurde hingeschickt, um die Folgen der Tsunami-Katastrophe für das ›Tracks Magazin‹ festzuhalten. Ich traf viele Jungs, die dasselbe für andere Surfmagazine machen sollten, so die Amerikaner Dustin Humphrey, Timmy Turner, Matt George und Bill Sharp. Und natürlich den Aussie Brian Williams, der auf Simeulue lebt. Wir hörten, dass im Norden der Inseln völliges Chaos herrschen sollte. Er wurde komplett überschwemmt, und es gab von Seiten der Regierung keinerlei Hilfe. Wir bekamen kein Boot, und ich saß da, konnte nur Däumchen drehen und hatte keine Ahnung, was ich hätte tun können. Matt und Bill setzten sich zu uns und sagten: »Das ist lächerlich! Lass uns

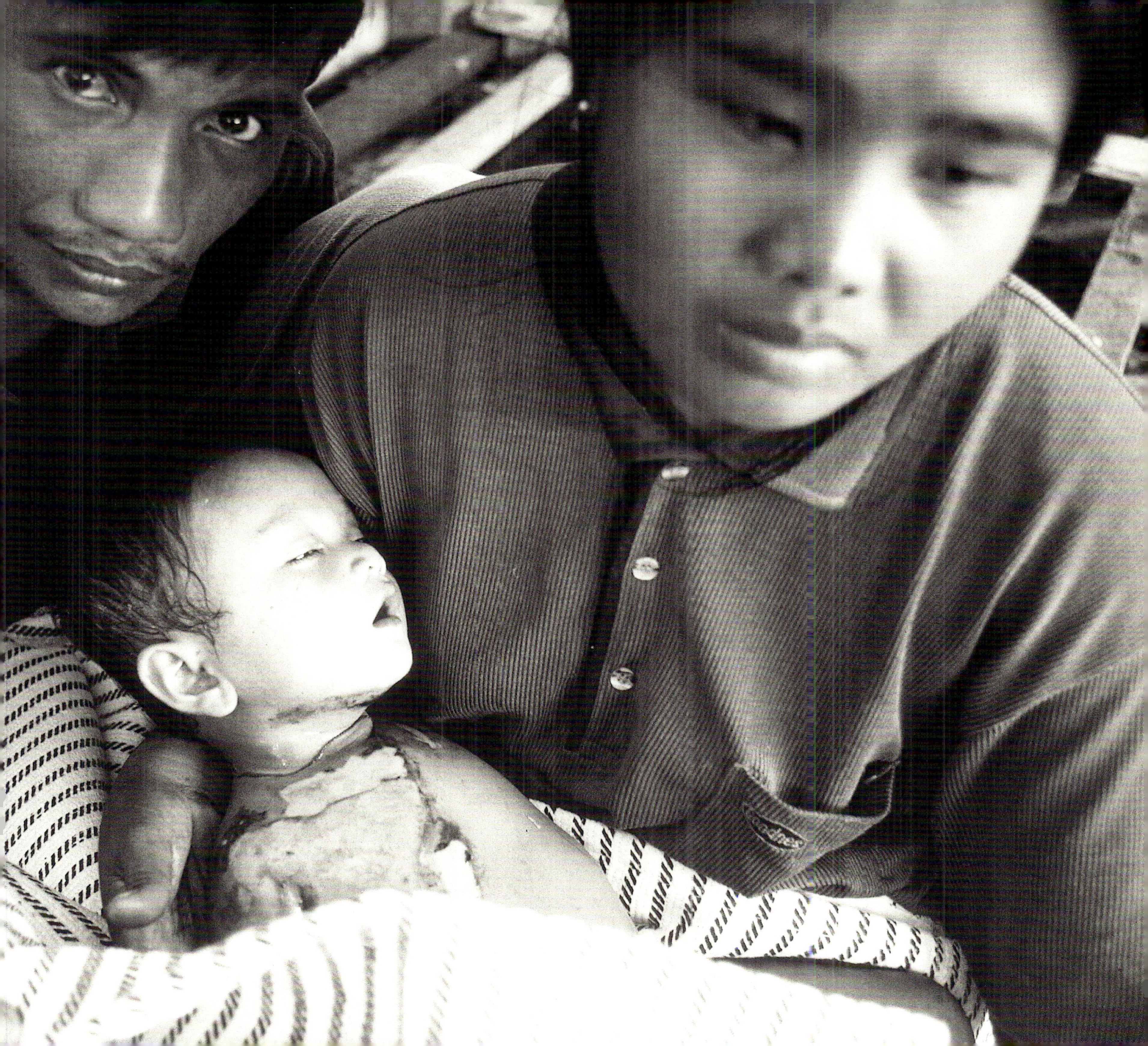

den Bullen bei den Hörnern packen!« Bill steuerte die Hälfte seines Geldes dazu, um ein Boot zu chartern, die MIKUMBA. Währenddessen klapperte Matt die Universitäten nach Ärzten ab. Als wir losfuhren, hatten wir drei Medizinstudenten, einen Skipper und 30 Tonnen Vorräte – Decken, Gasöfen, Kerzen, Reis, Hammer, Nägel. Der Plan war, nun ja, es gab keinen richtigen Plan.

»Wir fuhren Richtung Simeulue und hielten zwischendurch auf den Banyak-Inseln. Dort sahen wir zum ersten Mal Leichen. Blutig und aufgedunsen in ihrer Kleidung, im Wasser treibend oder an den Strand gespült. Überall Schutt und Trümmer. Normalerweise treiben hier nur leere Flaschen oder alte Baumstämme. Jetzt schwammen ständig Latten, Balken und ganze Wände an uns vorbei. Wir fuhren weiter nach Simeulue. Willy schlug vor, eine Bucht an der nordwestlichen Küste in der Provinz Alafan anzusteuern. Da gingen wir das erste Mal an Land. Als wir mit dem Motorboot übersetzten, regnete es in Strömen und wir sahen am Ufer viele Menschen in einer Höhle Schutz suchen. Hinter ihnen war nichts als Schutt und Geröll. Das Dorf war einfach nicht mehr da. Die Menschen sahen gebrochen aus. Das war wirklich hart. Das Dorf war bestimmt zwei Quadratkilometer groß gewesen, und alles, was noch stand, waren die Reste einer kleinen Räucherhütte. Wir warfen einige Planen über diese letzten stehenden Balken und bauten so unsere Klinik auf. Zuerst begannen die Studenten mit der Behandlung von Tuberkulose, von gebrochenen Knochen und von Infektionen.

»Ich wollte sofort anfangen, zu fotografieren, aber die Kamera lag nur da. Erst mussten wir das Boot entladen. Später am Tag begann ich dann, die ersten Fotos zu machen, genau in dem Moment, als dieses Baby reingetragen wurde. Es war zehn Monate alt. Dieser Blick der Eltern voller Schuld und Verzweiflung wird mich bis an mein Lebensende begleiten. Die Verbrennung war keine direkte Folge des Tsunami. In ihrem Versteck oben in den Bergen, wohin sie vor den Wassermassen geflohen waren, hatte sich das Kind den Wasserkocher übergeschüttet. Es war ein sehr starkes Symbol für das, was passiert war. Es fiel mir schwer, das zu fotografieren, tat es aber trotzdem. Dann hätte ich die Kamera beinahe weggeworfen. Ich fand mich selbst abstoßend, dass ich wie ein Paparazzi draufhielt. Aber dann dachte ich, dass genau diese Bilder die Menschen zu Hause vielleicht zum Spenden animieren könnten. Das Baby hatte schreckliche Schmerzen, aber es konnte keine Narkose bekommen, weil es noch so klein war. Die Ärzte waren extrem sorgfältig bei der Reinigung der Wunden, denn jede Infektion hätte das Baby getötet. Die Verbrennungen waren völlig verdreckt, weil die Eltern vier Stunden durch den Busch gelaufen waren, um zur Klinik zu kommen. Der einzige Moment, in dem der Kleine nicht weinte, war, als er gestillt wurde. Da ging es ihm kurz besser. Es war ein absolut ergreifender Moment, die einzige Flucht vor seinem Schmerz.«

»Am nächsten Tag traf ich einen Jungen namens Ranudin, den ich vor der Ruine seines Hauses mit seiner Familie fotografiert hatte. Er erzählte mir, dass seine Großeltern schon einmal einen ähnlichen Tsunami in den frühen Jahren des 20. Jahrhunderts erlebt hätten und dass sie gesehen hatten, wie das Wasser kurz vorher verschwand. Alle taten das immer als Gerede ab. Aber als am Tag des Tsunami das Wasser zurückging, wussten sie, dass sie schnell in die Berge laufen mussten. Zum Glück ist Simeulue sehr bergig, sodass der Tsunami dort nur wenige Menschen tötete. Aber die Insel lag sehr nah am Epizentrum des Bebens, weshalb Simeulue quasi zweimal getroffen wurde: erst durch das Erdbeben und danach durch den Tsunami. Dennoch hatten sie ziemliches Glück.

Einige Jahre zuvor hatte ich vier Monate bei einer Familie mit drei Töchtern und zwei Söhnen im Hauptland von Sumatra, in dem kleinen Ort Lhoknga verbracht. Der älteste Sohn starb, als der Tsunami die örtliche Zementfabrik traf. Von den 2000 Menschen in dem Dorf starben 1200.«

»Ich denke oft an das Baby und wie es mit ihm weitergegangen sein mag. Ich habe darüber nachgedacht, den Kleinen zu suchen, um zu sehen, ob er überlebt hat oder nicht. Die Ärzte hatten ihm eine 50:50-Chance gegeben.«

PASHA POINT

Rhys Smith, PASHA BULKER

Foto: Peter »Bosko« Boskovich

In den drei Wochen, als der Frachter PASHA BULKER vor Newcastles Nobby Beach auf Grund lag, wurden bestimmt hunderttausend Fotos gemacht. Dieses hier ist das einzige, das wirklich illegal war. »Das Ding war absolut gewaltig. Es war unglaublich krass. Das sah nach Science-Fiction aus, als ich es das erste Mal sah«, erinnert sich Newcastles Surffotograf Peter »Bosko« Boskovich an das mächtige 40 000-Tonnen-Frachtschiff. »Ich bekam einen Anruf von einem Freund, der sagte: ›Da ist ein Boot an Nobbys Beach auf Grund gelaufen.‹ Erst dachte ich, es sei ein kleines Fischerboot oder so was. Aber er meinte: ›Nein, es ist ein Frachter!‹ Ich vermutete, das Schiff sei irgendwo weit draußen aufgelaufen. Aber nein, es lag direkt vor uns auf der ersten Sandbank. Ich bahnte mir einen Weg zum Strand, um es mir anzusehen. Ich kam schließlich an, nachdem ich fast einen Kilometer entfernt geparkt hatte. Überall waren Menschen. Jeder wollte natürlich das Schiff sehen, das direkt vor Newcastle gestrandet war.

»In dem Moment, als ich das Ding sah, kam mir die Idee. Verdammt, sieh nur den Lefthander, der an dem Kahn bricht! Ich wusste, dass das der Hintergrund für ein Foto sein würde. Und mir war auch sofort klar, wen ich anrufen musste: Rhys Smith, ein wirklich guter Surfer. Sein alter Herr arbeitet als Lifeguard am Nobbys Beach. Der würde schon genau wissen, was da am Strand abgeht. Ich wusste, dass die Polizei surfen neben dem Schiff aus Sicherheitsgründen verbieten würde. Ehe ich die Nummer wählen konnte, klingelte es schon. Smithy rief zuerst an. Er hatte dasselbe gedacht wie ich.«

»Niemand durfte surfen gehen. Der Strand war komplett gesperrt. Wir mussten einige Tage warten, bis der Swell ein wenig zurückgegangen war und die Sonne sich zeigte. Aber dann kam unser Tag. Wir mussten schon im Morgengrauen anrücken, um diese Welle zu surfen. Hätten wir unseren Jetski am Strand reingesetzt, hätte uns die Polizei sofort entdeckt. Also fuhr Smithys Kumpel den Ski vom Hafen aus zum Spot.

Wir wussten, dass die Polizei um acht Uhr morgens kommen würde. Aber es war Winter, also würde es erst gegen sieben hell werden. Wir hatten somit nur eine Stunde, um das Bild zu schießen und wieder zu verschwinden. Wir fotografierten 40 Minuten lang, holten uns, was wir brauchten. Und ehe jemand von der Aktion Wind bekommen konnte, löste sich die Gruppe auf und alle Jungs verschwanden.

»Als ich nach Hause kam und mir die Bilder ansah, dachte ich: ›Wow, wie krass!‹ Und anstatt mit der Beute zufrieden zu sein, wünschte ich mir, ich hätte noch mehr Fotos gemacht. Ich hatte Smithy angewiesen, hohe Aerials für die Fotos zu springen, weil ich so mehr von dem Boot im Bildausschnitt ablichten konnte. Die nächsten Tage betete ich, man möge das Schiff bald entfernen«, sagt Bosko lachend, »sonst hätte vielleicht ein anderer die gleiche Idee gehabt und unser Shot wäre nicht mehr exklusiv gewesen.«

DER WOLKENBRUCH

Koby Abberton, Cloudbreak, Fidschi

Foto: Brian Bielmann

DER WOLKENBRUCH

Koby Abberton, Cloudbreak, Fidschi

Foto: Brian Bielmann

Wenn Laird Hamilton auf einer Insel aufschlägt, dann weiß man, dass etwas abgehen wird. Die weltbesten Surfer trafen sich zur Dream Tour auf Fidschi, als die Big-Wave-Legende unangemeldet aufkreuzte. Viele erstickten beim Frühstück auf Namotu fast an ihrer Ananas, als sie den Hawaiianer sahen. Aber Laird war nicht zum Cocktailtrinken und Sonnenbaden gekommen. »Das wird eine einmalige Wetterkonstellation«, kündigte der Event-Wetterfrosch den Swell an, der sich Fidschi näherte. Während der Contest bei moderaten sechs Fuß bei Restaurants stattfinden würde, könnte eine Seemeile weiter draußen bei Cloudbreak alles passieren. Der Nebenschauplatz Cloudbreak, wenn man einen 20-Fuß-Swell bei Cloudbreak überhaupt so nennen darf, stellte in den kommenden vier Tagen den Hauptevent klar in den Schatten.

Laird aß zum Frühstück ganze Papayas, seine Powernahrung für die nächsten Surftage. Koby Abberton und Mark Mathews aus Maroubra hatten währenddessen den Swell zu Hause in Australien mitgenommen und sich dann kurzfristig entschieden, auch noch nach Fidschi zu kommen. Die Taschen der Jungs wurden am Strand von Namotu abgeworfen, während ihre Boards direkt raus nach Cloudbreak gebracht wurden, wo bereits die ersten Swell Lines wie Bomben einschlugen. Ihre Füße hatten nicht mal den Sand von Namotu berührt, und schon fanden die Jungs sich draußen im Lineup wieder. Laird und Koby hatten sich vorher noch nie getroffen. Sie wussten zwar voneinander, lebten aber in komplett anderen Welten. Am ersten Morgen kurvte Koby den Jetski langsam in den Channel zum Boot, auf dem Laird saß. »Er sprang hinten drauf und rief sofort: ›Dahin! dahin!‹«, erzählt Koby lachend, »er machte praktisch genau das, was ich sonst immer tat!« Als ungleiches Paar dominierten die beiden die folgenden vier Tage ein legendäres Kapitel in der Surfgeschichte … die anderen Big-Wave-Jungs dienten höchstens noch als Bojen. »Ich hatte den großen Typen im Nacken, und der sagte immer wieder, ich solle noch tiefer reinfahren. Was soll man da machen?« berichtet Koby später vergnügt.

»In diesem Jahr hatten wir jede Menge fette Swells«, erinnert sich Koby, »es war ein perfektes Jahr, und es begann in Fidschi. Wir hörten, dass während des Contests ein großer Swell auf Fidschi treffen sollte. Als wir rauskamen, sagte Laird so was wie, ›lass uns den Ski teilen. Willst du mich ziehen?‹ Also antwortete ich: ›Yeah, okay‹, und zog ihn in fünf oder sechs Wellen rein. Dann wollte ich tauschen. Ich hatte mir die Wellen eine Zeit lang angesehen und bemerkt, dass die ganz großen noch weit hinterm Point anfingen zu brechen. Laird nahm mich mit dem Jetski auf und fragte: ›Möchtest du mit einer kleinen anfangen?‹ Und ich sagte: ›Nein, Mann! Zieh mich in die größte, die du finden kannst, und zwar so tief, wie's geht!‹ Die Welle ließ nicht lange auf sich warten, und er hatte mich in eine gute Position gebracht. Aber dann rief er: ›Nein, nein, stopp! Das ist zu tief!‹ Ich ließ einfach das Seil los und gleich die erste Welle war atemberaubend. Ich ging in eine der größten Wellen, die ich je geritten bin. Sie fühlte sich noch viel höher an, als sie auf dem Foto aussieht.«

»Ich hatte totale Gänsehaut«, erinnert sich sein Kumpel Mathews, der alles vom Boot aus beobachtet hatte. »So etwas Verrücktes habe ich noch nie gesehen!«

Die kommenden Tage waren so actionreich, dass die Jungs einfach vergaßen, ihre Taschen am Strand abzuholen. Sie trugen einfach vier Tage lang die Klamotten, in denen sie auch hergeflogen waren. »Die Taschen bewegten sich in den vier Tagen nicht vom Fleck. Wenn ich auf einem Surftrip bin, trage ich oft einen Monat lang dieselben Boardshorts. Wir kamen mit den gleichen Klamotten an, in denen wir Fidschi auch wieder verließen …«

GLÜCKSELIGKEIT

Jamie O'Brien, Pipeline

Foto: Andrew Buckley

»Bei den Jungs, die neben dir in Pipeline rauspaddeln, kannst du genau sehen, ob sie verkrampft oder entspannt sind«, sagt Andrew Buckley, der in Pipeline schon so oft aus dem Wasser fotografiert hat, dass er die psychologische Wirkung dieser Welle sehr gut einschätzen kann. »Man sieht es in ihren Gesichtern. Sogar bei Jungs, die hier häufig surfen, sieht man, dass es eine Grenzerfahrung ist. Die sind voller Adrenalin. Und dann kommt da ein Typ wie Jamie ...«

Wen wundert es, dass Jamie sich in Pipelines Lineup wie zu Hause fühlt, konnte er den Break doch schon als kleiner Junge vom Bett aus beobachten. So sagte er mal in einem Interview: »Es hört sich vielleicht abgefahren an. Aber ich kriege da draußen so viele Barrels ab, dass es mich schon langweilt.«

»Sein Gefühl für die Welle ist der Wahnsinn«, attestiert ihm Buckley. »Er ist total entspannt da draußen. Er ist nicht der typische Hardcore-Pipe-Surfer, aber er kriegt viele Wellen, weil er den Platz sehr gut kennt und immer richtig liegt. Er macht es nicht mit bloßer Kraft. Es ist sein Talent. Bei ihm sieht es viel einfacher aus, als es in Wirklichkeit ist.«

»An diesem Tag gab es fast nur Jamie und Kelly Slater. Sie schnappten sich eine Welle nach der anderen. Und auch das ist Pipe in Perfektion. Nach Weihnachten fährt jeder Pipe-Tourist nach Hause, und Jamie hat die Welle wieder ganz für sich. Jamie machte an jenem Tag sein Ding. Er erwischte ein paar supertiefe Barrels. Diese Welle hier wäre sicherlich die beste im Leben mancher Jungs gewesen: Es ist eine solide Welle. Aber für Jamie nicht. Er fährt das Teil eher gelangweilt ab. Zu diesem späten Zeitpunkt in der Saison hat er schon so viele Wellen gehabt, dass ihm so eine höchstens ein müdes Lächeln entlockt.«

DARK CRYSTAL

Mentawai-Inseln, Indonesien *Foto: Andrew Buckley*

»Undurchdringlich!«, so beschreibt Fotograf Andrew Buckley den Dschungel, hinter dem sich Dark Crystal verbirgt. Der Spot mit dieser fantastischen Linkswelle war mit der Zeit in Vergessenheit geraten. »An diesem Ort herrscht eine unheimliche Stimmung. Man spürt es in dem Moment, in dem man in den Channel steuert.«

Irgendwo auf den Mentawais (sorry, wir haben versprochen, den genauen Platz nicht zu verraten) erinnert die Dschungelkulisse an den Planeten »Dagobah« aus »Star Wars«. Yoda würde sagen: »In Kiddies Corner du nicht bist!« Wenn man hier morgens surft, dann steigt der Nebel aus dem Wald auf wie in einem Horrorfilm und hüllt das Lineup gespenstisch ein. Die Geister der sterbenden Bäume werfen ihre Schatten 200 Fuß weit auf den Ozean hinaus. Und falls Ihr jetzt schon Angst habt, dann wartet erst einmal ein acht Fuß hohes Set ab, das über das Riff rollt.

»Auf diesem Foto sieht man eine von sechs Sections«, erklärt Buckley, »und alle sehen genauso aus. Die schlechte Nachricht ist, dass man leider nicht entspannt in der Inside sitzen und auf die Welle warten kann. Die Inside ist am heftigsten. Der einzige Weg in diese Welle hinein, geht direkt über den Point. Das bedeutet, wenn man einmal drauf ist, muss man das Ding auch bis zum Ende surfen.«

Einen guten Skipper erkennt man hier daran, wie viele von diesen kleinen verborgenen Schätzen er kennt. So wie Albert »Bert« Taylor. Der Aussie-Skipper fährt schon seit mehr als 20 Jahren durch diese Gewässer. Zwischen den Charterfahrten arbeitet er als Kaffeebauer. Dark Crystal ist auf keiner Karte zu finden, nur in Berts Kopf.

Die Skipper hier schützen ihre Spots mit mehr Nachdruck als die Unschuld ihrer erstgeborenen Tochter. Wenn man zurück zum Hafen kommt, kann man ein paar echte Bintangs trinken, darf dabei aber auf gar keinen Fall den Ort Dark Crystal erwähnen. Wenn man Glück hat, ist man dann beim nächsten Aufenthalt in Dark Crystal noch immer der einzige Surfer.

STEINIGER EINSTIEG

Ours

Foto: Dave Sparkes

Jeder Surffotograf lebt für diese Momente. Krasse Einstiege am Spot, Surfer am Point of no Return, Spezielles und Besonderes ... die delikaten Zutaten für ein klassisches Desasterbild, beliebtes Futter für Surfmagazine weltweit. Wie eine Spinne lauert der Fotograf geduldig und leise, die Schadenfreude im Blut, die bis runter zu seinem flinken Finger am Auslöser pulsiert. »Ich hoffte schon, dass der Junge auf dem Bild etwas Blödsinniges anstellen und dafür ordentlich einen mitbekommen würde«, gesteht Dave Sparkes. »Aber, hey! Ich wäre kein Surfer, wenn ich nicht an so etwas denken würde!« Dennoch sollte man mit solchen Wünschen vorsichtig sein. Nirgendwo passt die Karmatheorie so sehr wie bei verbockten Einstiegen an felsigen Spots. Was man anderen wünscht, passiert also über kurz oder lang auch einem selbst.

»Als ich auftauchte, war ich dort der einzige Fotograf. Es waren ein paar gute Surfer draußen, und die Wellen liefen sauber und schön. Ich machte dieses Foto, zog mich um und ging runter, um selbst von den Felsen ins Wasser zu springen. Ich wusste, von wo ich reinspringen und wie ich wieder rausklettern konnte – es war nur eine kleine Stelle direkt hinter einer Ecke. Später sagte man mir, der Swell war an diesem Tag zu östlich, weshalb es lebensgefährlich gewesen war, an dieser Stelle reinzugehen. Eine Information, die etwas früher wohl nützlicher gewesen wäre. Die Einstiegsstelle, auch Schlüsselloch genannt, ist bei diesem Swell eine tödliche Falle. Wie auch immer. Um über das Schlüsselloch einzusteigen, muss man zunächst über die Kante laufen, die man auf dem Bild vor dem Surfer sieht. Sobald du die richtige Stelle erreicht hast, heißt es dann einfach nur, Augen zu und durch. Als ich auf dem Felsen war, sprintete ich in meinen Flossen los. Plötzlich fühlte ich einen stechenden Schmerz in meiner Ferse. Ich war wohl auf einen Seeigel getreten und der Stachel hatte sich direkt durch meine Flossen in den Fuß gebohrt. Es tat höllisch weh. Aber ich war schon zu drei Vierteln draußen. Es gab kein Zurück mehr. Ich sprang hinein, machte ein paar Bilder und blutete die halbe Botany Bay voll. Die Sache mit dem Blut ging mir schon durch den Kopf. Heutzutage mache ich mir weitaus mehr Sorgen bei so etwas (*sechs Monate nach dieser Fotosession wurde Sparkesy von einem Weißen Hai attackiert*). Wie auch immer. Ich schwamm zurück zum Schlüsselloch, so wie die Jungs es mir mal gezeigt hatten. Aber die Ausstiegsstelle war jetzt ein echter Hexenkessel. Das Wasser strömte schnell hinein und hatte mich hilflos hochgeschoben, um mich beim Abfließen wieder runterzuziehen. Es krachte einfach auf die Felsen. Wassertretend wartete ich ab, ob es einen Moment gäbe, um schnell hochzuklettern. Aber keine Chance! Also sah ich mich um. Ich trieb mit der Strömung weiter und suchte nach einem anderen Schlüsselloch. Ich bekam Panik und wurde verrückt bei dem Gedanken an Haie, weil ich immer noch blutete. Endlich sah ich so etwas wie eine kleine Kante. Ich schwamm drauf zu, ohne auf die Wellen zu achten, schmiss mein Wassergehäuse auf die Felsen und hangelte mich wie ein Krebs hoch.«

Aber Sparkesys Odyssee war noch nicht zu Ende. »Ich ging Richtung Parkplatz. Da standen meine Kollegen, und alle lachten. Sie hatten gesehen, wie ich in die Bucht gespült worden war, und sie sahen das Blut an meinem Fuß. Ich war völlig fertig. Wie dem auch sei! Ich verstecke meinen Autoschlüssel niemals direkt am Wagen, weil ich Angst habe, dass mir jemand die Karre klaut. Stattdessen verstecke ich den Schlüssel immer in der Nähe in einem Gebüsch. Ich mache eigentlich immer eine kleine, unauffällige Markierung. Aber nach der aufregenden Geschichte hatte ich absolut vergessen, wo mein Autoschlüssel war. Auf allen vieren krabbelte ich im Surfanzug in den Büschen herum, verletzt und blutend. Ich muss ziemlich kaputt ausgesehen haben. Ich riss Sträucher aus, um die verdammten Schlüssel zu finden. Ich hatte schon eine halbe Stunde gesucht und die anderen gebeten, mir zu helfen. Ich wollte schon aufgeben, als eines der Mädels rief: ›Hey, hier sind sie!‹

Ich krabbelte auf allen vieren zu ihr, küsste ihre Füße, schnappte mir die Schlüssel und fuhr drei Stunden lang nach Hause, ohne mir auch nur den Anzug auszuziehen.«

SMOKE ON THE WATER

Mentawai-Inseln, Indonesien

Foto: Dan Warbrick

SMOKE ON THE WATER

Mentawai-Inseln, Indonesien

Foto: Dan Warbrick

»In der Zeit, als ich an Bord der KATIKA war, legten wir viele Meilen zurück. Und wir brachten vielen Menschen ein Lächeln auf die Lippen«, erinnert sich der ehemalige Skipper der KATIKA, Matt Cruden. »Ich habe viele neue Freunde gefunden und jede Menge Tubes geritten. Ich bin glücklich, dabei gewesen zu sein. Als Scuzz mir per SMS mitteilte, dass die KATIKA bei Rags Right abgebrannt war, stiegen mir Tränen in die Augen. Ich konnte es nicht glauben, und ich wusste sofort, dass wir ein großes Stück Surfgeschichte verloren hatten.«

Als sich kochendes Öl unter Deck der KATIKA entzündete und auf die Dieselkanister übersprang, wurde ein Stück indonesischer Spot-Entdeckung für immer beendet. Glücklicherweise waren die meisten Jungs zu dieser Zeit in Rags Right surfen, und die gesamte Crew und alle Surfer konnten unversehrt fliehen. Einige andere Charterboote, die INDIES TRADERS 2 und 3 und die NUSA DEVATA lagen in der Meerenge bei Thunders vor Anker und sahen die schwarzen Rauchwolken. Sie kamen schnell zu Hilfe. Zwei Stunden später hatte die enorme Hitze den Aluminiummast der KATIKA schmelzen lassen. Sie brannte bis auf die Wasserlinie herunter.

Die KATIKA gehörte zu einer Hand voll Boote, die eine Inselkette erkundeten, die inzwischen der Traum jedes Surfers ist. Als Matt Crunden in jungen Jahren das erste Mal an Bord ging, hatte er noch keine Ahnung, welche Abenteuer ihn erwarten würden. »Dave und Jan Hallet übernahmen die KATIKA 1993 im Hafen von Sydney und segelten mit ihr nach Bali, um Surf-Charter-Touren in Indonesien anzubieten. Ich war überglücklich, weil ich damals der Kapitän der KATIKA wurde. Für einige Monate machten wir Fahrten nach Bali, Lembongan, Lombok und Sumbawa, bevor wir unten um Java herumsegelten und einige Typen für einen Trip von Westjava nach Padang abholten. Das war im April 1994. Wir surften bei den Panaitan-Inseln und bei Enggano und fuhren dann weiter zu den Mentawais. Wir hatten bei dieser ersten Reise nach Thunders und Maccas super Bedingungen und verliebten uns direkt in diese Region ... genauso wie viele Tausend andere Menschen, nehme ich an. KATIKA hat eine maßgebliche Rolle bei der Erkundung dieser Surfregion gespielt, die heute zu den besten der Welt gehört.« 15 Jahre später ist Matt immer noch auf den Mentawais. Er hat jetzt sein eigenes Boot, die MANGALUI, das sich neben bestimmt 40 anderen Surf-Charter-Booten hält. Vorbei sind die Zeiten, in denen man auf der KATIKA froh war, mal ein anderes Boot zu treffen.

»Das Schöne war, dass man auf der KATIKA immer den Eindruck hatte, als sei ein alter Geist als blinder Passagier an Bord ... in etwa so wie ein alter Kapitän, der hinter dir an Deck sitzt und dir über die Schulter schaut. Du konntest seine Anwesenheit wirklich spüren, vor allem wenn die See rau war. Ich sprach einige Jahre später mit Johnny McGorder darüber, der sie danach segelte. Er sagte, er habe das gleiche Gefühl gehabt, hatte aber nie jemandem davon erzählt.«

NAVISTAR

DER TOTSCHLÄGER

Josh Fuller, Tweed Coast *Foto: Andrew Buckley*

»Wie würdest du es beschreiben, wenn du dein eigenes Herz essen müsstest?«
Mit dieser Frage beschreibt Andrew Buckley seine Wahrnehmung, als er zum ersten Mal hier rausschwamm, um Fotos zu machen. Niemals zuvor hatte er so etwas erlebt. Er schüttelt den Kopf. Seine Verletzungen vom ersten Mal spürt er noch heute: »So ist die Gold Coast! Die Wellen machen richtig Spaß!«
»Ich war noch nie zuvor dort gewesen, und man hatte mir gesagt, dass es an diesem Tag richtig groß sein würde. Ich ging also runter und sah mir alles vom Strand aus an, während ich auf den Jetski wartete. Josh Fuller, einer der besten Locals an dem Spot, sagte mir, bevor er mich absetzte: ›Vielleicht möchtest du ein bisschen weiter draußen abgesetzt werden.‹ Aber ich hatte das Gefühl, am richtigen Platz zu sein. Direkt vor mir brachen die Wellen. Ich machte an dem Tag Bilder mit dem Tele, weil die Wellen so groß waren, dass ich ein bisschen weiter weg bleiben musste, um nicht direkt hineinzugeraten. Die Barrels rollten so um die vier Fuß und die Wellen waren bis etwa acht Fuß hoch. Ich schwamm ein bisschen weiter rein. Da zog mich die Strömung geradewegs in die Impact Zone, ausgerechnet, als das erste größere Set des Tages anrollte. Es war unmöglich, gegen die Strömung anzuschwimmen. Ich lag genau vor den brechenden Wellen. Eine schlechte Position!
»Alles, woran ich mich noch erinnere, ist dieses ausweglose Gefühl. Ich bekam Panik. Ich konnte nicht tauchen, weil es fast kein Wasser gab. Schwimmen würde meine Lage nicht verändern. Über mir würde gleich ein Berg einstürzen. Also wartete ich einfach ab. Es erwischte mich mit voller Wucht. Die Welle schleuderte mich durch die Gegend wie ein Spielzeug. Meine Schulter kugelte sofort aus. Ich schlug ein paar Mal aufs Riff und schließlich warf sie mich raus in die Inside. Das war's. Ich war nur zehn Minuten draußen und bin in der Zeit völlig zerstört worden.«
»Zwei Wochen später war ich zurück. Schwimmen konnte ich noch nicht wegen meines Armes, es sei denn, ich hätte ausschließlich im Kreis schwimmen wollen. Dieses Mal fotografierte ich vom Jetski aus. An dem Tag war es kleiner, viel sauberer und weitaus weniger tückisch als beim letzten Mal. Die Welle auf dem Bild war schon die größte, die an diesem Tag brach. Ich liebe es, wie die Jungs von oben auf Fuller runterschauen. Das Teil war ein echter Totschläger. Nicht die Art von Welle, die man sonst an der Gold Coast findet.«

THE POINTS

Tasmanien *Foto: Sean Davey*

»Wie Männerzähne. Ernsthaft.« So fasst der in Tasmanien geborene Fotograf Sean Davey die Häufigkeit solcher Tage an den legendären Points im südlichen Tasmanien zusammen. »Wenn die Wellen bei Points brechen, dann lässt hier jeder Surfer alles stehen und liegen, um surfen zu gehen. Das sind die besten Surfbedingungen, die man in Tasmanien haben kann.«

Glücklicherweise sind diese Wellen in Tasmanien, wer weiß, wie das aussehen würde, wenn solche Wellen an der Gold Coast liefen. Etwa ein Dutzend Pointbreaks reihen sich hier wie an der Perlenkette aufgezogen aneinander, eingerahmt von idyllischen Wiesen und Feldern. Der rustikale Charme der Points passt gut zu ihrer Unbeständigkeit. Aber wenn Sean jedes Jahr auf seine Heimatinsel zurückkehrt und sich ein Tiefdruckgebiet mit 987 hPa nähert, wissen drei Viertel der tasmanischen Surfer, wo man hinzugehen hat.

»Ich hatte die Points schon lange nicht mehr brechen sehen. Es bricht hier nur einige Male im Jahr, und dieser Swell war der beste in den letzten 15 Jahren. Aber das Schönste für mich war es, all die bekannten Gesichter aus der Vergangenheit wiederzusehen. Dann fiel mir auf: Die Jungs hatte ich zuletzt bei meinem letzten Trip zu den Points getroffen. Schon lange her! Es war wie ein Klassentreffen.«

»An einem Platz waren bestimmt 50 Jungs versammelt. Sie hatten sich alle um ein großes Feuer versammelt, erzählten sich Witze und unterhielten sich. Am späteren Nachmittag nahm der Swell etwas zu, und die Wellen prallten hart auf die Felsen auf. Jedes Mal, wenn jemand versuchte, über die Felsen auszusteigen und dann dagegen gewaschen wurde, gab es ein großes Gejohle am Strand. Wir hatten sehr viel Spaß. Eine tolle Kameradschaft.«

In der schottischen Mythologie gibt es eine Legende von einem Dorf namens Brigadoon, das nur alle 100 Jahre auftaucht. Die Einwohner werden niemals älter. Und sie glauben, dass das Jahrhundert nur einen Tag dauert. Der Junge, der diese Story schrieb, würde hier bei den Points bestimmt das gleiche Gefühl haben. Du gehst auf dem Parkplatz an den Jungs vorbei und sagst: »Ciao, Jungs, bis in fünf Jahren.«

DER SPIELPLATZ

Ry Craike, Jakes
Foto: Dean Dampney

DER SPIELPLATZ

Ry Craike, Jakes

Foto: Dean Dampney

»Sein Surfen hat mich umgehauen«, sagt Fotograf Dean Dampney, der sonst eher für sein Understatement bekannt ist. »Ich habe schon die Besten bei schwierigen Bedingungen surfen gesehen, aber das war etwas anderes. Er war komplett eins mit der Welle. Es waren an dem Tag keine acht bis zehn Fuß in Jakes, eher sechs. Aber ich denke, dass diese Bedingungen für die meisten Surfer zu den schwierigsten zählen. Für Ry war das einfach nur ein Spiel. Das war genau sein Spielplatz, als wäre er in einem kleinen Zwei-Fuß-Beachbreak unterwegs. Wir denken ans Überleben – er denkt, er ist in einem Skate-Park.«

Es ist einfach zu erklären, warum sich Craikey in dieser Welle so wohl fühlt. »Ich wuchs auf mit nichts außer Linkswellen über mehrere Hundert Kilometer«, sagt Craikey mit seinem typischen Kalbarri-Akzent. »Hier gibt es nur wenige gute Spots, aber die, die es gibt, sind Weltklasse.« Ry ist der Sohn eines örtlichen Tauchers und hinter seinem wortkargen Auftritt verbirgt sich ein grandioses Surftalent, das nirgendwo besser zur Geltung kommen würde als hier in Jakes. Dean Dampney entschloss sich auf seinem Weg Richtung Norden, in Jakes anzuhalten. Er wollte sich etwas strecken und den schwitzigen Muff loswerden, der sich seit seinem Aufbruch in Perth acht Stunden zuvor gebildet hatte.

»Als Surffotograf schlagen immer zwei Herzen in meiner Brust. Geh ich selber surfen, oder schwimm ich raus und fotografiere die anderen. Meistens entscheide ich mich dann, selber surfen zu gehen. Und als ich die perfekten Sechs-Fuß-Wellen in Jakes sah, ließ ich die Kamera schön im Kasten und holte mein Brett vom Dach.«

Bis Ry Craike wie aus dem Nichts auf dem Parkplatz auftauchte.

»Mit Ry, der unangekündigt in Jakes auftauchte, war klar: Das Board fliegt direkt wieder in den Kofferraum. Ich holte meine Kamera«, erzählt Deano und lacht. »Wir hatten nicht mit ihm telefoniert und wussten gar nicht, dass er zu Hause war. Ich war einfach mal zur richtigen Zeit am richtigen Ort! Er ritt dann nicht einfach nur ein paar Wellen, auf denen ich ihn zufällig knipsen konnte. Er machte eine richtig dicke Show für mich. Er surfte fast blind seinen Take-off und wusste immer ganz genau, wo ich war. Er machte nur kurz Pause, um mir zu sagen, dass ich ein bisschen nach links oder rechts schwimmen oder wann ich den Auslöser drücken sollte. Er ging entspannt in die Bottom Turns und sprang dann einen Air nach dem anderen. Fast immer landete er beinahe auf meinem Kopf, drei- oder viermal war es richtig knapp. Die ersten zwei, drei Male vergaß ich schlicht, den Auslöser zu drücken. Ich saß einfach mit offenem Mund da, fast gelähmt von der Demonstration, die sich direkt vor meinen Augen abspielte. Irgendwann riss ich mich dann zum Glück zusammen und konnte die Kamera in die richtige Richtung halten und einige Bilder schießen.«

rip curl

KALTE FÜSSE

Joel Parkinson und Mick Fanning, Bells Beach

Foto: Dave Sparkes

»Ich konnte es einfach nicht glauben«, erzählt ein lachender Mick Fanning. »Ich habe dabei ein paar nagelneue Schuhe zerstört! Ich habe einfach nicht darüber nachgedacht und bin direkt ins Wasser gerannt. Meine Füße waren eiskalt, aber ich freute mich so sehr für Joel. Ich hatte bei Bells Beach schon einige Jahre vorher gewonnen, und ich wusste, dass es für Joel etwas ganz Besonderes war, hier zu siegen.« Joel Parkinson hatte gerade den Titel in Bells Beach abgeräumt und war zurück an den Strand gekommen. Mick war der Erste, der seinem Freund gratulierte, noch im Wasser, mit Klamotten und Schuhen. Die beiden hatten das Surfen gemeinsam in Coolangatta gelernt. Sie hatten alles zusammen durchgezogen (sowohl an Land als auch auf dem Wasser), und beide waren schon zu Teenagerzeiten gefeierte Surfstars. Es gibt kaum einen besseren Weg, sich unter den ganz Großen des Surfsports zu etablieren, als in Bells Beach die Siegesglocke zu läuten. »Der Sieg war mir enorm wichtig und ist es auch heute noch«, sagt Joel andächtig. »Jeder junge Surfer möchte einmal in Bells gewinnen und seinen Namen neben die anderen Großen auf den Pokal schreiben.«

Die Jungs aus Australien feiern den Sieg eines Landsmannes auf der Pro Tour mit einem bestimmten Ritual. »Ihre Füße dürfen den Sand nicht berühren«, erklärt Mick. »Man muss sie aus dem Wasser und auf den Schultern bis zur Siegerehrung tragen. An einem so kalten Tag wird man beim Bells Beach dann natürlich immer nass. Aber man kann sicher sein, dass Hedgey und Occy dabei sind, um zu helfen, wie auch hier auf dem Foto.«

»Yeah, ich blieb etwas zurück, weil Mick der Erste sein sollte, der ihm gratulierte«, erinnert sich Mark Occhilupo, der auf dem Foto an der Wasserkante steht. »Die beiden sind so enge Freunde. Mick verdiente es einfach, der erste Gratulant zu sein.« Als man Occy zeigt, dass er auf dem Foto wohl eher damit beschäftigt war, trockene Füße zu behalten, lehnt er sich zurück und lacht: »Hm, vielleicht wollte ich echt nicht meine Schuhe riskieren.«

EIN KINDERSPIEL

Cory Lopez, Teahupoo *Foto: Tim Jones*

»Wenn du weißt, wie es geht, ist es ein Kinderspiel.« So beschreibt die Surflegende Gerry Lopez das Wellenreiten in Pipeline. Und schaut man auf das Foto, hat man den Eindruck, dass 30 Jahre später Cory Lopez genauso das Surfen in Teahupoo beschreiben würde. Wir wissen nicht genau, an welcher Stelle des Familienstammbaums sich die hawaiischen Lopez und die Familie Lopez aus Florida getrennt haben, aber offenbar gibt es immer noch einige gemeinsame Gene.

Da Cory Lopez im eher wellenarmen Florida groß geworden ist, hat sich seine Surfkarriere maßgeblich in Teahupoo entwickelt. Er hat eine innige Beziehung zu dieser Welle. Das geht noch auf das Jahr 2000 zurück, als die Pro Tour zum zweiten Mal auf Tahiti auftauchte. Während einer morgendlichen Freesurf-Session paddelte er in eine Welle, die so brutal brach, dass sie Cory komplett einpackte. Doch nicht mal ein Jahr später wusste er Bescheid und gewann sogar den Contest. Zwei Jahre danach gelang ihm das erneut, an dem größten Tag, der bis dato in Teahupoo gesurft worden war. Er fuhr unerschrocken in den riesigen Swell raus und wurde auf seinem normalen Shortboard in ein 15-Fuß-Monster gezogen. Er überstand diesen Tag unbeschadet.

»Dieses Bild erinnert mich an eine andere Ära«, sagt Fotograf Tim Jones. »Es ist ein Rückblick in die 1970er-Jahre, als der Style die oberste Priorität hatte, ganz anders als heute. Dies war der Tag vor dem Wettkampf, also war jeder draußen. Die Action auf dem Wasser war unbeschreiblich. Keine Welle lief ungesurft durch. Die Leute wurden reihenweise gebarrelt und manche auf das Riff gehämmert. Da war so viel los, dass so ein fast schon beschaulicher Moment wie dieser Bottom Turn fast untergegangen wäre. Aber als ich nach Hause kam und mir die Fotos ansah, entdeckte ich das Bild. Wie perfekt Corys Körperhaltung mit der Form der Lippe zusammenpasst. Wahnsinn! Ich war bestimmt schon 20-mal in Teahupoo, um dort zu fotografieren. Ich habe hier Tage mit 20 Fuß erlebt. Aber dieses Foto ist mein absolutes Lieblingsbild.«

EIN PERFEKTER MONAT

Richie Vaculik, Ours/Sydney
Foto: Nathan Smith

EIN PERFEKTER MONAT

Richie Vaculik, Ours/Sydney

Foto: Nathan Smith

Acht Swells in 30 Tagen! Macht zwei pro Woche. Kein Wunder also, dass Australiens Surfer froh waren, als der Juni vorbei war und der Swell erst mal wieder abnahm.

»Neun Monate hatten wir in Ours nicht gesurft, und nun surften wir es gleich zehnmal in einem Monat«, erinnert sich Richie Vaculik aus Maroubra, der sich am 27. Juni die Welle des Tages schnappte, sogar die beste Welle des ganzen Monats. »Am Ende des Monats war ich völlig fertig. Alle meine Boards waren kaputt, und ich hatte jede Menge Schrammen. Ich legte Teppich in meine Flip Flops, damit die Blasen endlich heilen konnten. Ich wollte dringend wieder arbeiten. Ich freute mich sogar, wieder arbeiten zu gehen. Ich hatte so lange nicht gearbeitet, dass ich nicht mal mehr Geld hatte, um mein Auto zu betanken.«

Es verwunderte einen nicht weiter, dass jeder echte Surfer an der australischen Ostküste ein Lachen im Gesicht hatte. Von der Sunshine-Küste bis runter an die Grenze zu Victoria. Jeder bekam seinen Teil. Überall an der Küste gab es legendäre Sessions. In Brutal Deadmans, in Lennox oder Red Sands ... und dann natürlich an zahlreichen Spots, von denen man noch nie etwas gehört hatte. Jeder hatte seine eigene Geschichte auf Lager. Und mit dem Swell kam fast biblisches Wetter. Es goss in Strömen, der Wind blies einem die Sommersprossen aus dem Gesicht, und an der Küste liefen Frachter auf Grund. Jedes Mal, wenn man Surfen ging, war es ein Kampf gegen die Elemente.

»Auf den Bildern sieht man den letzten Swell im Juni. Der Tag, von dem man später sagte, es sei der größte und beste Tag gewesen, an dem Ours je gesurft wurde«, holt Fotograf Nathan Smith aus. »Diese zwei Jungs (unten rechts im Bild) sehen sich die Welle noch kurz vor der Arbeit an. Der eine krümmt sich fast vor Lachen, so unglaublich ist der Anblick. An Surfen wagt der wohl nicht mal zu denken. Ich schätze, die Welle hatte bestimmt zwölf Fuß. Zu der Zeit war morgens nur ein Surfer draußen, ein Kerl aus Bronte, genannt ›Bones‹ (oberes Bild). Die meisten fanden es zu windig. Aber nach dieser Welle hatte Bones eine der besten Wellen, die wir je in Ours gesehen haben. Einfach nur perfekt. Leider habe ich gerade die nicht abgelichtet.«

Der Juli kam und der Swell verschwand. Aber keiner, der diesen Juni als Surfer miterlebt hat, wird das so schnell vergessen. Die Jungs hatten dann endlich Zeit, ihre verkrampften Muskeln zu lockern, ihre brennenden Schnittwunden zu heilen, die kaputten Boards zu reparieren oder einfach den Rasen zu mähen. Erst als der Swell zurückging, wurde uns bewusst, was für ein unfassbarer Monat hinter uns lag.

»Ich denke, es war so gut wie die Swellsaison 2001«, erinnert sich Matt Hoy aus Newcastle. »Teilweise war es noch besser, weil einige Swells aus dem Süden den ganzen Weg in den Norden hochzogen. Es liefen unheimlich viele Spots gleichzeitig. Aber die besten Wellen hatte ich sogar direkt vor meiner Haustür. Meistens waren die Wellen zu gut, um reinzupaddeln. Wenn ich nicht nachmittags die Kinder hätte abholen müssen, wäre ich den ganzen Tag im Wasser geblieben.«

DIE KAMPAGNE

Christian Fletcher, North Palm Beach *Foto: Nathan Smith*

»Wenn Christian Fletcher für etwas berühmt ist, dann für seine hohen Airs«, schmunzelt Fotograf Nathan Smith.

Mit diesem Motiv für die Bekleidungsfirma Insight Clothing legte Fletcher – der Antiheld der Surfwelt der 1990er-Jahre aus Kalifornien, der bekehrte Kiffer, der Mann der Skaten und Surfen vereinte – die Latte für Surfanzeigen ein großes Stück höher. Man braucht heutzutage eben mehr als den besten Teamfahrer, der die besten Boardshorts einer Marke und mal eben seinen Kopf aus dem Wasser hält. Auf der Checkliste für ein erfolgreiches Shooting stehen nun zwei Jetskis, etwa eintausend Dollar teure Palmen, einige heiße Bräute, zwei Fotografen und ein Christian Fletcher. Dann bekommt man das hier ... eine Szenerie, von der Christian wahrscheinlich seit jeher geträumt hat. »Verrückt wie Christian eben ist, bat er den Jetski-Fahrer, direkt vom Strand zu starten und ihn frontal auf die Welle zu beschleunigen«, sagt Smithy. »Das ist normalerweise eine super Möglichkeit, sich die Beine zu brechen, aber so ist Christian eben. Er hat's natürlich gepackt. Es war die reinste Kamikaze-Aktion.« Er flog so hoch, dass viele Leute dachten, er sei im Nachhinein mit Photoshop dahin montiert worden. Aber er war wirklich so hoch! »Natürlich hat er den Move nicht gelandet«, gibt Smith zu. »Hätte er das versucht, wäre er jetzt ein ordentliches Stück kürzer.«

Willkommen bei Kiddies Corner, echt hawaiischer Lifestyle! Dies ist der sogenannte Keiki-Abschnitt an der North Shore. Keiki bedeutet auf Hawaiisch Kind. Dieser Strandabschnitt ist der gefährlichste an der gesamten Nordküste. Durch eine tiefe Rinne drängt der Swell ungebremst an den Strand und bricht auf einem rauen Labyrinth aus Vulkanfelsen. Mit einer Gewalt, die man sonst nirgendwo auf der Welt findet. Da draußen sind schon Menschen bei vier Fuß ertrunken. Auf dem Bild sieht es allerdings schon eher nach 40 Fuß aus.

Als ich zum ersten Mal nach Hawaii kam, wohnte ich in einem Haus genau an diesem Strand. Ich hatte das Schlafzimmer mit Meerblick ergattert und hatte freien Blick auf Keiki. In der zweiten Nacht kurz vorm Einschlafen, bemerkte ich, wie sich die anrollenden Sets immer lauter anhörten. Ich fühlte förmlich, wie die Energie des Ozeans nachts immer stärker wurde. Gegen Mitternacht wackelten sogar schon die Gardinen jedes Mal, wenn eine Welle einschlug. Als ich am nächsten Morgen aufwachte, musste ich meinen ganzen Mut zusammennehmen, um einen Blick über das Fensterbrett zu riskieren. Ich wusste, dass es groß sein würde. Aber ich wusste nicht, dass es so wild sein würde, dass das Hochwasser direkt bis unter mein Fenster reichte. Die nächste Welle schwappte über die Schutzmauer und spülte direkt in unseren Garten. So weit ich sehen konnte, war der Ozean weiß. Da draußen war Krieg. Ich dachte, ich befände mich auf einem anderen Planeten. So was hatte ich noch nie gesehen – ein 30-Fuß-Shorebreak direkt vor meinem Haus.

»Junge, das war echt ein spannender Nachmittag«, sagt Fotograf Sean Davey verträumt, als er auf das Foto schaut. »Das war die größte Swell-Blase, die ich je auf einer Wetterkarte gesehen habe, seit ich das Wetter auf dem Computer checke. Die Karten zeigten 29 Fuß mit einer Periode von 16 Sekunden an. Das ist wirklich unheimlich groß. Im Netz sah es tatsächlich noch gewaltiger aus, als der Big-Wednesday-Swell von 1998. Nur die Tatsache, dass der Swell extrem westlich war, sogar fast von Südwesten kam, hinderte ihn daran, noch weiter anzuwachsen. Das Bild entstand am frühen Nachmittag. Auf meinem Weg runter zum Strand sah ich ein Auto, das auf einer Straße bei Rockpiles von den Ausläufern einer Welle getroffen wurde. Der Fahrer konnte für Sekunden nichts mehr sehen, und der Wagen wurde fast von der Straße gespült. Ich hatte meine Kamera in der Hand und drückte leider zu spät drauf! Für den Shot rechts wartete ich eine ganze Weile. Diese eine Welle hatte dann die doppelte Größe von allem anderen, was an diesem Tag anlief. Ein brutales Teil! Ich dachte sogar kurz daran, schnell zurück zum Auto zu laufen und mit Vollgas hoch auf den Kam Highway zu brettern. Ich war jederzeit bereit, wegzulaufen und auf den erstbesten Baum zu klettern ...«

DIE GROSSE LEICHTIGKEIT

Kelly Slater, Pipeline *Foto: Andrew Buckley*

Als Kelly Slater 2005 seinen siebten Weltmeistertitel gewann, behauptete er, dies sei das Ergebnis seiner großen Gelassenheit. Er hatte genug emotionalen Ballast abgeworfen, um eine komplette Staffel von »Dr. Phil« füllen zu können – der Tod seines Vaters, gescheiterte Beziehungen, seine schmerzende Niederlage gegen Andy Irons 2003. Jetzt surfte er wieder, um Spaß zu haben. Ohne konkrete Ziele ging Slater in die neue Saison, keine Erwartungen, kein Druck. Der Rest ist bekanntlich Geschichte. 2005 holte er den Titel auf einer Welle der Emotionen, 2006 gewann er dann fast schon eher nebenbei. Es passierte einfach so.

In der Nacht bevor er den Bells-Beach-Event gewann, machte Kelly bis nach Mitternacht Musik mit dem Local Red Whyte. Fast wäre er gar nicht an den Start gegangen am nächsten Morgen. Dann hätte er zweifellos keine Chance mehr auf den Titel 2008 gehabt und wäre wahrscheinlich direkt zurückgetreten.

DIE GROSSE LEICHTIGKEIT

Kelly Slater, Pipeline

Foto: Andrew Buckley

Es scheint fast, dass es ihm umso leichter fiel zu gewinnen, je weniger er über den Wettkampf nachdachte. Es ist schon seltsam, aber in Anbetracht der Tatsache, wie einfach er den Titel gewann, hätte er auch jederzeit ohne Skrupel aufhören können. Er trainierte fast nicht, und er spielte mehr Golf, als dass er surfen ging. Die Surfsiege waren ihm irgendwie vollkommen egal. Am schwersten fiel es ihm, sich zu den Events aufzuraffen. War er einmal da, war er entspannt. Kellys Erfolge zeigen, dass er unter Druck gut ist. Aber ohne jegliche Anspannung ist er noch besser.

Mit 34 Jahren musste er auf der Tour niemandem mehr etwas beweisen. Es kamen Spekulationen auf, dass er bald von der Bildfläche verschwinden würde. Er würde sich nur noch die besten Surfevents rauspicken, den anderen Jungs das Gezerre um den Titel überlassen und einen neuen Lebensabschnitt starten. Aber sind wir mal ehrlich: Wenn man Kelly Slater heißt, macht man keine halben Sachen. Als Kelly Anfang des Jahres in der »Press« sagte, er wüsste noch nicht, was er in diesem Jahr vorhätte, war das keine Augenwischerei. Er wusste es wirklich nicht. Oft genug wusste er nicht einmal, was er in der kommenden Woche tun würde. Seine Pläne hingen sehr stark von den Swellansagen ab.

Aber die Tür zu seinem neuen Leben wollte sich einfach nicht öffnen. Weder wurde er Moderator bei MTV, noch wurde er nach Nordkorea geschickt, um in der Nuklearkrise zu vermitteln, noch wollte er auf eine einsame Insel gehen. Er konnte nichts finden, um das unweigerliche Loch zu füllen, das nach dem Ende seiner Prosurf-Karriere entstehen würde. Sein Leben lief weiter wie immer, was für Kelly Slater hieß, auf Surfcontests zu fahren und diese in der Regel zu gewinnen.

»Ich habe nicht besonders viel gemacht in der letzten Zeit«, sagte Kelly im August, als der Titelgewinn schon in greifbarer Nähe war. »Zu Jahresbeginn habe ich viel Golf gespielt. In letzter Zeit habe ich viel Musik gemacht. Es ist verrückt – entweder bin ich total beschäftigt, oder ich mache gar nichts. Ein Mittelding gibt es nicht.«

Und eins wurde klar: Kelly suchte nach einer persönlichen Weiterentwicklung abseits des Lineup. »Zurzeit inspiriert Surfen mich nicht besonders. Natürlich gibt es auch Orte, an denen das anders ist, etwa Teahupoo oder Pipeline. Aber mir ist es momentan wichtiger, andere Menschen zu treffen und von ihnen zu lernen.«

Am Freitag, dem 13ten, gewann Kelly Slater seinen achten Titel in Spanien. Es gab keine richtige Party, es gab keinen Rückblick auf seine Saison. »Um das zu realisieren, muss ich allein sein«, rechtfertigte er sich. »Ich brauche ein wenig Raum für mich.« Beim Event in Brasilien erschien er nicht, und beim Pipeline-Finale fiel er nicht großartig auf.

»Die Bilder entstanden am zweiten Weihnachtstag in Pipeline«, erinnert sich der Fotograf Andrew Buckley. »Der North Shore war zu dem Zeitpunkt schon recht einsam. Der Zirkus war weitergezogen, aber Kelly nicht. Niemand hatte diesen Winter auf Hawaii viel von ihm gesehen. Ich traf ihn nur selten, entweder kam er ganz spät oder sehr früh, surfte für 30 Minuten und verschwand dann wieder. Aber an diesem Tag blieb er Stunden auf dem Wasser. Und alles, was er tat, war perfekt. Ich entschloss mich, mit langer Belichtungszeit zu fotografieren, um einen Eindruck von der Geschwindigkeit zu vermitteln, mit der er surfte. Er fuhr großartig. Meistens ohne Hand am Rail. Es war meisterhaft. Es sah alles so leicht aus bei ihm.«

BIER FÜR DEN CHAMPION

Mick Fanning und Kelly Slater, Gold Coast *Foto: Steve Sherman*

Du kannst einen Surfer mit Freibier locken. Mit etwas Mühe wirst du ihn sogar zum Trinken bringen.

Es war der Auftakt der neuen Dream-Tour-Saison. Mick Fannings Heimspiel. Es war auch der erste Event mit Mick als amtierenden Weltmeister. Mick muckte gegen Kelly auf. Den Mann, den er im Finale des Vorjahres vom Thron gestoßen hatte. Der Traum eines jeden Promoters. Die Hauptstraße von Coolangatta war wie leer gefegt. Jeder ging an den Strand von Snapper Rocks, um dem Local Boy, dem amtierenden Weltmeister, dabei zuzusehen, wie er erneut die 36-jährige Surflegende demontieren würde, um endgültig eine neue Ära im Surfsport einzuläuten.

Dazu kam es nie. Kelly bezwang Mick im Finale, und die Siegesfeier konnte beginnen. Sollte sie auf jeden Fall. Wenn Kelly heutzutage einen Contest gewinnt, fällt die Siegesfeier wesentlich ruhiger aus als noch vor zehn Jahren. Nach 37 Siegen, mehr als jeder andere Surfer jemals erreicht hat, ist es eben nichts wirklich Besonderes mehr. Nur eine halbe Stunde zuvor war der Athletenbereich, in dem wir Kelly und Mick hier sehen, noch zum Bersten gefüllt. Aber da es keinen Heimsieg für Mick gab und das Freibier langsam ausging, blieben nur noch Mick, Kelly und ein paar Freunde übrig.

Mick hatte den Event zuvor zweimal gewonnen, und die Siegesfeiern waren nahezu legendär. Drei bis vier Tage lang wurde gefeiert. Also wollte Mick Kelly nicht so ohne Weiteres davonkommen lassen.

Kelly merkte, dass sich Mick langsam in das bekannte Partymonster verwandelte wie Dr. Bruce Banner in »Hulk«, und zog es daher vor, sich sein Board zu schnappen und unbemerkt zu verschwinden. Aber da hatte er seine Rechnung ohne Mick Fanning gemacht. »Er hat gerade den Contest gewonnen, aber nicht mal ein Bier angefasst! Du Weichei!« Mick nahm ein halb angetrunkenes Bier vom Tisch, ging zu Kelly und schüttete es ihm wortlos in den Mund.

SPECIAL
EVENTS
Enquiries
phone
5581 6799

DIE MEERJUNGFRAU

Steph Gilmore, North Pacific

Foto: Dave Sparkes

»Ich war überrascht, dass Steph auf diese Reise ging«, sagt Dave Sparkes. »Es war eine Fahrt ins Ungewisse. Niemand wusste, ob die Wellen gut sein würden, und es war ein langer Weg, um das herauszufinden. Besonders seltsam war das, weil in ein paar Wochen die neue Saison beginnen sollte.«

Steph Gilmore stand zwei Wochen vor dem Start in ihre erste Contestsaison der Frauen-Weltmeisterschaftsserie als heiße Favoritin auf den Titel. Das 19-jährige Wunderkind von der Gold Coast hatte ihren Rivalinnen schon Angst gemacht, ehe sie überhaupt einen Heat gesurft hatte. Aber nur drei Wochen vor ihrem Debüt bei der World Tour hatte Steph beschlossen, eine Auszeit zu nehmen.

»Sie hatte das typische Steph-Grinsen im Gesicht und war ganz sie selbst«, erinnert sich Sparkesy an Steph während der Bootsfahrt. »Aber gleichzeitig hatte sie viel Vertrauen in das, was sie vorhatte. Sie ist wirklich gut darin, die Dinge in ihrem Leben zu trennen. Sie ist da ein bisschen wie Parko. Manchmal kriegt man es gar nicht mit, wie sehr sie unter Strom steht. Während des Trips war sie Feuer und Flamme, weil sie mit Tom Curren surfen und Gitarre spielen konnte, einem der entspanntesten Menschen auf diesem Planeten. Es war eine gute Mischung, und es war wahrscheinlich das Richtige für sie. Sie schien überhaupt nicht nervös zu sein. Sie sagte lediglich: ›Ich werde da rauspaddeln und allen in den Hintern treten.‹ Sie war sich da schon ziemlich sicher, dass sie den Titel holen würde.«

Und einige Tage bevor das aufregendste Jahr ihres Lebens begann, bat Sparkesy die kommende Weltmeisterin während einer Bodysurfsession für ihn über dem messerscharfen Korallenriff zu posen. »Auf unserer Reise waren einige Situationen perfekt für diese Split-Shot-Technik geeignet. Das Wasser war klar, und das Korallenriff lebendig. An einigen Tagen gab es nur einen Fuß Swell, und der lief super sauber. Alle dachten, ›verdammt, keine Wellen‹. Ich fand es einfach wunderschön. Das sind genau die Tage, auf die ich warte. Auf dem Riff herrschte eine starke Strömung. Also bat ich einen Kollegen, mich mit dem Jetski abzusetzen. Ich ließ mich eine Runde treiben, dann nahm mich der Jetski auf und fuhr mich wieder hoch. Einmal war Steph direkt vor mir. Sie poste wie ein Model, und wenn man genau hinsieht, kann man schon ihren Siegeswillen erahnen. Sie war für dieses Bild bestimmt. Sie verlor am Ende ihre Flossen, machte aber überhaupt keinen Stress. Auf jedem Foto hatte sie die Augen offen. Das musste ich ihr nicht erst sagen. Sie sah unter Wasser genauso natürlich aus wie auf der Welle. Sie sah aus wie eine Schwimmerin und ich bin mir sicher, dass sie eine besonders gute Schwimmerin geworden wäre.«

Wen wundert es, dass zehn Monate später, einige Inseln entfernt, Steph ganz oben aufs Treppchen kletterte. Sie hatte den Titel geholt. Natürlich immer noch mit dem gleichen Lächeln.

ALLEIN AUF TAHITI

Mick Fanning, Teahupoo *Foto: Jon Frank*

»Ich hatte da drüben eine magische Zeit«, sagt Mick Fanning nach seinen zwei Wochen auf Tahiti.

So lange war es die Achillesferse seiner Saison gewesen. Mick Fanning wusste, dass er niemals die Weltmeisterschaft ohne ein gutes Ergebnis auf Tahiti holen könnte. Über die Jahre wurden seine Titelambitionen dort mehrfach brutal zerstört. Einen Monat vor Eventbeginn, lange bevor der ganze Tross einfiel, reiste er nach Tahiti, um ein Gespür für diese Welle zu bekommen.

»Hier ist es ganz anders, wenn kein Wettkampf ist«, sagt Mick, »es ist ein cooles kleines Fischerdorf, jeder lebt den entspannten tahitianischen Lifestyle. Wir nahmen uns einfach die Zeit und ließen uns darauf ein.«

»Es war genauso, wie es sein sollte«, sagt Micks Freund Jon Frank, der mitgekommen war, um den Trip zu fotografieren. »Es war so, wie man sich Tahiti vorstellt. Keine Menschenmengen, keine hundert Qualifikanten im Lineup, keine Top 45 Brasilianer, Australier und Hawaiianer, die gleichzeitig um einen Platz an dem kleinen Peak kämpfen. Es war ganz einfach. Mick surfte, und ich machte die Bilder. Genauso, wie es sein soll. Mick fuhr in einer Woche mehr Wellen in Teahupoo als in den letzten fünf Jahren.« Und heute ist es Geschichte, dass Mick bei dem Contest Zweiter wurde, hier seine erste perfekte Zehn im Halbfinale Teahupoo holte und schließlich Weltmeister wurde

»Das beste Bild von einer Zwei-Fuß-Welle, das man je gesehen hat«, lacht Mick, »es sieht so aus, als käme ich aus einer Acht-Fuß-Welle, aber sie war höchstens zwei Fuß.« »Er untertreibt!«, ruft Frank. »Das sind nicht nur zwei Fuß! Er tut schon so wie die Hawaiianer. Er verwechselt zwei Fuß mit sechs Fuß. Nur weil Andy Irons sich da draußen in 15 Fuß schmeißt. Ich glaube, er ist frustriert. Er muss hier eben klein anfangen«, schmunzelt Frank.

Aber obwohl sich die Jungs um die genaue Höhe streiten, geht doch unbestritten ein Zauber von diesem Foto aus. »Als ich die Bilder aus dem Labor bekam, stach dieses Bild deutlich hervor«, erinnert sich Frank. »Ich habe häufig solche Bilder, bei denen ich aber den Bruchteil einer Sekunde zu früh oder zu spät ausgelöst habe. Aber hier stimmte alles … außer vielleicht Micks Bottom Turn.«

DIE LETZTEN MENSCHEN AUF DER WELT

Irgendwo in Neuseeland *Foto: Tony Harrington*

»Tiefster Winter, ich denke im August. Es ist eiskalt. Es wird einem ja schon fröstelig, wenn man sich das Bild nur ansieht«, bemerkt der Fotograf Tony Harrington, der immer noch dabei ist aufzutauen.

»Würde man die Kamera drehen, kämen schneebedeckte Gipfel zum Vorschein und der Wind, der schneidend kalt darüberfegt. Das Feuer muss hier Tag und Nacht brennen, damit man warm bleibt.«

»Das ist in einem ganz einsamen Nationalpark. Normalerweise ein Vier-Tages-Marsch, aber wir flogen mit einem kleinen Flugzeug mit sämtlichem Gepäck und unseren Brettern dahin. Wir hatten ziemlich gute Wellen und mussten uns dann nach dem Surfen für den Rest des Tages aufwärmen. Es gab einige Flaschen guten neuseeländischen Rotwein, und dann wurden wir kreativ. Ich rannte eine Düne hinauf, stellte die Kamera auf eine Box und drückte ab. Ich war überrascht, dass es überhaupt funktioniert hat. Ich liebe den Himmel. Die Sterne und der Mond explodieren förmlich und machen dir klar, dass du weit weg von jeglicher Zivilisation bist.«

»Hier denkt man wirklich, dass man der letzte Mensch auf Erden ist. Das Gefühl der Abgeschiedenheit ist unglaublich. Du siehst keinen Menschen. Du gehst nur surfen. Als ich vor einigen Jahren mit ein paar Kumpels hier war, unter ihnen auch ein paar Amerikaner, sahen wir die ganze Zeit keinen Menschen. An einem Tag landete dann ein Flugzeug am Strand. Einige Fischer stiegen aus, und wir gingen hin, um sie zu begrüßen. Der Pilot fragte uns, wie lange wir schon hier seien. Als wir sagten, dass wir schon seit einer Woche dort seien, holte er eine Zeitung aus dem Flugzeug und sagte: ›Dann solltet ihr euch das hier besser mal ansehen.‹ Auf dem Bild auf der Titelseite sah man das erste Flugzeug in die Twin Towers fliegen. Man kann sich nicht vorstellen, wie weit weg uns das in diesem Moment vorkam. Und tatsächlich, würde man einen Stab bei New York in die Erde stechen und einmal komplett durch die Welt bohren, käme man wahrscheinlich genau an dem Strand raus, an dem wir damals standen.«

DIE FOTOGRAFEN

Brian Bielmann
Einer der produktivsten und kreativsten Fotografen der Neuzeit. Brians ganze Arbeit umgibt eine positive Aura. Die meisten Fotografen haben hin und wieder ein gutes Jahr, in dem sie einige sehr gute Fotos machen und es auf die Magazincover schaffen. Brian, der aus Hawaii kommt, hatte 20 Cover hintereinander.

Peter Boskovich
Ein echter Exportschlager aus Newcastle. Bosko ist der lebende Beweis dafür, dass Fotografen die witzigste Gruppe unter den Surfern sind. Ein guter Kerl, aus einer Stadt voller guter Kerle. Bosk kämpft mit vollem Herzen für ein gutes Bild und schenkt dabei stets jedem ein Lächeln.

Andrew Buckley
Bei seinem Spitznamen »Shorty« wird schnell klar, dass Basketball noch nie so sein Ding war. Glücklicherweise weiß er aber durchaus ein paar Sachen über Fotografie. Er war der Anführer der digitalen Revolution in der Surffotografie.

Stuart Butler
Stu hat schon Wellen an so ungewöhnlichen Plätzen wie Pakistan, Burma, Ägypten oder Tansania abgelichtet. Auf seinen Reisen hat er arabische Waffenschmuggler hinters Licht geführt, wurde im Mittleren Osten wegen illegalen Surfens verhaftet und von afrikanischen Wunderheilern kuriert. Er war noch nie auf einer Surfreise nach Bali oder Hawaii ... das wäre eben zu einfach für ihn.

Jason Childs
Aufgewachsen im kalten Victoria/Australien verliebte sich Childsy vor fast 15 Jahren in die balinesischen Inseln und hat sie nie wieder verlassen. Sein Haus ist das Basislager für zahllose Trips auf dem indonesischen Archipel. Es gibt nur wenige Menschen, die sich hier so gut auskennen wie Childsy.

Andrew Chisholm
Wenn er nicht gerade seine Beine über die Klippe am Shipstern Bluff baumeln lässt und Fotos schießt, arbeitet Chizmo auf einem Tauchboot. Es gibt kaum jemanden, der so ein gutes Gefühl für die Schönheit der tasmanischen Küste besitzt.

Ken Collins
Wahrscheinlich lacht er, dass er hier unter den Fotografen des Buches auftaucht. »Skindog« ist heute einer der mutigsten Big-Wave-Surfer der Welt. Er wachte eben eines Morgens mit der wahnsinnigen Idee auf, sich in eine Zehn-Fuß-Welle ziehen zu lassen, während er einen Fotoapparat in der Hand hielt. Deswegen gebührt ihm die Ehre, hier genannt zu werden.

Peter Crawford
Der legendäre PC war ein Visionär der Surffotografie. Seine Wurzeln als Weltklasse-Kneeboarder gaben ihm mehr Erfahrung und Gefühl für Wellen als den meisten anderen Surffotografen. Das zeigt sich in seinen Bildern. Er starb unter mysteriösen Umständen auf Bali, angeblich an einem Schlangenbiss, kurz vor dem Jahre 2000.

Dean Dampney
In seiner eigentümlichen Uniform aus Flanellanzug und Blundstones ist Deano ein Meister darin, die besonderen, gefühlvollen Momente beim Surfen zu finden. Anders als all die Jungs, die nur Action knipsen. Er lebt mit seiner Familie und ein paar Hühnern in einer kleinen Bude an der Südküste von New South Wales. Seine Arbeit zeigt den wahren Spirit in der Welt des Surfens.

Sean Davey
»Prawn Gravy« tingelt immer zwischen seiner Wahlheimat Hawaii und seiner geistigen Heimat Tasmanien hin und her. Er bewegt sich also nahtlos zwischen der überlaufensten und der ruhigsten Surfszene der Welt. Wenn Sean zur Kamera greift, hört sich die Welt außerhalb des Suchers für ihn auf zu drehen. Kein lebender Fotograf bekommt diese Dichte in seine Bilder.

DIE FOTOGRAFEN

Hilton Dawe
Der fröhlichste Vertreter unter den Surffotografen. Wenn es den Jungs auf einem Trip um angenehme Gesellschaft geht, nehmen sie meist diesen sympathischen Knaben von der Nordküste von New South Wales mit. Hilts schafft es, einen anstrengenden einwöchigen Überlandtransfer auf Java wie einen Spaziergang vergehen zu lassen.

Jon Frank
Frank ist ein Meister des Surfbildes. Sowohl was bewegte Bilder als auch was Fotos angeht. Er ist für unzählige Magazine tätig. Er führt immer auffällig wenig Speichermedien mit auf seinen Reisen und träumt davon, nur ein Bild am Tag zu schießen. Das soll dann aber perfekt sein. Das Bild auf Seite 251, auf dem Mick Fanning Teahupoo reitet, wurde 2007 zum besten Surffoto des Jahres gewählt. Frank lebt in Tasmanien.

Stuart Gibson
Der Erste, der mutig oder verrückt genug war, seinen Kopf zu riskieren, um in Shipstern Bluff Gibbo aus dem Wasser heraus zu fotografieren. Er schwimmt praktisch in jede Welle, wenn ein gutes Foto dabei rausspringen kann. Er würde alles für einen guten Shot tun und ist einer der talentiertesten jungen wilden Surffotografen.

Tony Harrington
Für Harro teilt sich das Jahr in eine Berg- und eine Meersaison. Er hat für sich so was wie das Prinzip des endlosen Winters entworfen. Selbst wenn er ans Meer kommt, sucht er immer nach Wellen, die ihn an Berge erinnern. Das hat ihm auch den Ruf als bester Big-Wave-Fotograf der Welt eingebracht.

Tim Jones
Der Mann ist schon fast fanatisch. Jonesy ist zweifellos der am härtesten arbeitende Surffotograf weltweit. Die meiste Zeit des Jahres reist er umher, immer auf der Jagd nach dem goldenen Moment. Man sieht ihn oft an den gefährlichsten Stellen des Riffs bei Pipeline oder Teahupoo herumschwimmen.

Jason Murray
Als ehemaliger Fotoredakteur beim »Surfers Magazine« hat Jas ein gutes Auge für besondere und auch lukrative Shots. Diese Begabung nutzt er jetzt für seine eigenen Fotos. Der Kalifornier jagt meistens die Surfer, die wiederum den wirklich großen Wellen der Welt hinterherjagen.

Mark Onorati
Höchstens wenn ein kaputter Rücken und ein gebrochener Fuß zusammenkommen, würde Mark vielleicht mal nicht ins Wasser gehen. Ein kleiner Surftrip zum Riff von Buggeries mit geliehenem Kameraequipment öffnete ihm die Welt der Fotografie. Seither hat es sich Mark zur Aufgabe gemacht, die Surfszene an den nördlichen Stränden von Sydney zu dokumentieren.

Russell Ord
»Rusty Sword«, der in den rauen Weiten von Westaustralien lebt, bringt beste Voraussetzungen für einen Surffotografen mit. Als ehemaliger Rugbyprofi und Feuerwehrmann hat Russ kein Problem, dahin zu gehen, wo es richtig weh tut, um ein gutes Foto zu machen. So sind einige unfassbare Bilder entstanden ... und so manche Überstunde für seinen Chirurgen.

Erick Regnard
Gemeinsam mit seinem Bruder Ian reist Erick um den Globus und macht unter dem Pseudonym Tungsten seine Fotos. Wegen seines starken Hangs zum Künstlerischen und viel Porträtfotografie schafft Erick es mit seinen Bildern von Sydney bis New York immer wieder in Ausstellungen. Kürzlich sahen wir die beiden Australier endlich mal zur selben Zeit im selben Raum. Damit war klar, dass die Jungs Zwillinge sind und nicht nur eine Person, die ein merkwürdiges Doppelleben führt.

DIE FOTOGRAFEN

Steve Sherman
Der große, sympathische Kalifornier ist eigentlich ein Kriegsfotograf, der im Körper eines Surffotografen gefangen ist. Sherm geht für seinen Job weit hinter die feindlichen Linien. Er dokumentiert die entscheidenden, anderen verborgenen Momente, die die wahre Geschichte des professionellen Surfens erzählen. Seine Arbeit beweist, dass es im professionellen Surfen hauptsächlich zuallererst um Menschen geht.

Nathan Smith
Dieser Mann hat unbestritten selbst schon jede Menge Style, und das färbt auch auf seine ästhetischen Fotos ab. Der Junge aus Sydney schafft es immer wieder, die ganz großen und auch die kleinen speziellen Momente im Surfen einzufangen. Egal ob er mit einem 600er-Tele, seiner Wasserkamera oder einer kleinen Pocketkamera fotografiert.

Dave Sparkes
In Sparkesy kämpfen das Herz eines Schriftstellers und das eines Fotografen um die Vorherrschaft. Er lebt an der Nordküste von New South Wales. Seine Leidenschaft für die Wasserfotografie wurde nur einmal kurz erschüttert, als er von einem zehn Fuß langen Weißen Hai attackiert wurde.

Bernard Testemale
Er ist ein echter Weltbürger. Bernard hat mehr Länder besucht als jeder andere Surffotograf. Eines der einfallsreichsten und kreativsten Talente der Surffotografie. Die meiste Zeit des Jahres treibt sich der Franzose auf Surfevents und einmaligen Surftrips herum.

Dan Warbrick
Obwohl das Surfen in seiner Familie eine lange Tradition hat, geht Warbs seinem Beruf über weite Strecken des Jahres in den Bergen nach. Dennoch kommt er gelegentlich runter ans Meer, um seine Kiemen feucht zu halten und mal einen richtig anständigen Surftrip zu fotografieren.

Simon Williams
Simon ist ein englischer Surfer, der ein feines Gespür dafür hat, wann es sich lohnt für ein Foto schwimmen zu gehen. Der unermüdliche stets vergnügte Swilly wohnt seit 20 Jahren in Queensland an der Gold Coast. Einer der umtriebigsten Knaben im Business. Swill würde von morgens bis abends z. B. in Superbank knipsen, ohne auch nur einen Turn zu verpassen.

Jeremy Wilmotte
Einer von den Jungs, die auf beiden Seite der Kamera eine gute Figur machen, als Surfer oder als Fotograf. Jezza hat wie viele seiner Freunde aus Maroubra eine echte Schwäche für Wellen, die richtig weh tun können.

Peter Wilson
Peter hat 25 Jahre als Surffotograf auf dem Buckel und ist damit ein echter Veteran (er wird sich bestimmt wahnsinnig darüber freuen, dass wir das hier erwähnen). »Joli« ist der Gentleman unter den Surffotografen. Der Mann von der Gold Coast ist so gut vernetzt in der Szene, dass er immer da ist, wenn sich gute Wellen und gute Surfer treffen.